KB009545

junie b. jones®

주니 B. 존스와 그 못된 짐 녀석의 생일

by BARBARA PARK

illustrated by
Denise Brunkus

CONTENTS

세상에서 가장 엉뚱하고 재미있는 아이, 주니 B. 존스의 좌충우돌 성장기!

『주니 B. 존스(Junie B. Jones)』 시리즈는 호기심 많은 개구쟁이 소녀 주니 B.가 일상에서 마주하는 다양한 상황을 재치 있게 담고 있습니다. 주니 B.는 언제나 자신의 감정을 솔직하게 표현하며, 재미있는 생각이 떠오르면 주저없이 실행에 옮기는 적극적인 여섯 살 소녀입니다. 이렇게 유쾌하고 재기 발랄한 주니 B. 존스의 성장기는 지금까지 전 세계적으로 6천 5백만 부 이상 판매되며 수많은 독자들에게 사랑받았고, 연극과 뮤지컬로 제작되기도 했습니다.

저자 바바라 파크(Barbara Park)는 첫 등교, 친구 관계, 동생에 대한 고민 등과 같이 일상 속 다양한 상황에서 아이들이 느끼는 감정을 그들의 시선으로 탁월하게 묘사했습니다. 특히 아이들이 영어로 말할 때 저지르기 쉬운 실수도 자연스럽게 녹여 내어, 이야기에 더욱 공감하게 합니다.

이러한 이유로 『주니 B. 존스』 시리즈는 '엄마표 영어'를 진행하는 부모님과 초보 영어 학습자에게 반드시 읽어야 할 영어원서로 자리 잡았습니다. 친근한 어휘와 쉬운 문장으로 쓰여 있어 더욱 몰입하여 읽을 수 있는 『주니 B. 존스』 시리즈는 영어원서가 친숙하지 않은 학습자들에게도 즐거운 원서 읽기 경험을 선사할 것입니다.

퀴즈와 단어장, 그리고 번역까지 담긴 알찬 구성의 워크북!

이 책은 영어원서 『주니 B. 존스』 시리즈에, 탁월한 학습 효과를 거둘 수 있도록 다양한 콘텐츠를 덧붙인 책입니다.

- 영어원서: 본문에 나온 어려운 어휘에 볼드 처리가 되어 있어 단어를 더욱 분명히 인지하며 자연스럽게 암기하게 됩니다.
- 단어장: 원서에 나온 어려운 어휘가 '한영'은 물론 '영영' 의미까지 완벽하게 정리되어 있으며, 반복되는 단어까지 표시하여 자연스럽게 복습이 되도록 구성했습니다.
- 번역: 영어와 비교할 수 있도록 직역에 가까운 번역을 담았습니다. 원서 읽기에 익숙하지 않은 초보 학습자도 어려움 없이 내용을 파악할 수 있습니다.
- 퀴즈: 챕터별로 내용을 확인하는 이해력 점검 퀴즈가 들어 있습니다.

『주니 B. 존스』, 이렇게 읽어 보세요!

- **단어 암기는 이렇게!** 처음 리딩을 시작하기 전, 해당 챕터에 나오는 단어를 눈으로 쭉 훑어봅니다. 모르는 단어는 좀 더 주의 깊게 보되, 손으로 쓰면서 완벽하게 암기할 필요는 없습니다. 본문을 읽으면서 이 단어를 다시 만나게 되는데, 그 과정에서 단어의 쓰임새와 어감을 자연스럽게 익히게 됩니다. 이렇게 책을 읽은 후에, 단어를 다시 한번 복습하세요. 복습할 때는 중요하다고 생각하는 단어들을 손으로 쓰면서 꼼꼼하게 외우는 것도 좋습니다. 이런 방식으로 책을 읽다 보면, 많은 단어를 빠르고 부담 없이 익히게 됩니다.

- **리딩할 때는 리딩에만 집중하자!** 원서를 읽는 중간중간 모르는 단어가 나온다고 워크북을 들춰 보거나, 곧바로 번역을 찾아보는 것은 매우 좋지 않은 습관입니다. 모르는 단어나 이해가 가지 않는 문장이 나온다고 해도 펜으로 가볍게 표시만 해 두고, 전체적인 맥락을 잡아 가며 빠르게 읽어 나가세요. 리딩을 할 때는 속도에 대한 긴장감을 잃지 않으면서 리딩에만 집중하는 것이 좋습니다. 모르는 단어와 문장은, 리딩이 끝난 후에 한꺼번에 정리하는 '리뷰' 시간을 통해 점검합니다. 리뷰를 할 때는 번역은 물론 단어장과 사전도 꼼꼼하게 확인하면서 왜 이해가 되지 않았는지 확인해 봅니다.

- **번역 활용은 이렇게!** 이해가 가지 않는 문장은 번역을 통해서 그 의미를 파악할 수 있습니다. 하지만 한국어와 영어는 정확히 1:1 대응이 되지 않기 때문에 번역을 활용하는 데에도 지혜가 필요합니다. 의역이 된 부분까지 억지로 의미를 대응해서 암기하려고 하기보다, 어떻게 그런 의미가 만들어진 것인지 추측하면서 번역은 참고 자료로 활용하는 것이 좋습니다.

- **2~3번 반복해서 읽자!** 영어 초보자라면 2~3회 반복해서 읽을 것을 추천합니다. 초보자일수록 처음 읽을 때는 생소한 단어와 스토리 때문에 내용 파악에 급급할 수밖에 없습니다. 하지만 일단 내용을 파악한 후에 다시 읽으면 어휘와 문장 구조 등 다른 부분까지 관찰하면서 조금 더 깊이 있게 읽을 수 있고, 그 과정에서 리딩 속도도 빨라지고 리딩 실력을 더 확고하게 다지게 됩니다.

- **'시리즈'로 꾸준히 읽자!** 한 작가의 책을 시리즈로 읽는 것 또한 영어 실력 향상에 큰 도움이 됩니다. 같은 등장인물이 다시 나오기 때문에 내용 파악이 더 수월할 뿐 아니라, 작가가 사용하는 어휘와 표현들도 자연스럽게 반복되기 때문에 탁월한 복습 효과까지 얻을 수 있습니다. 『주니 B. 존스』 시리즈는 현재 6권, 총 40,487단어 분량이 출간되어 있습니다. 시리즈를 꾸준히 읽다 보면 영어 실력도 자연스럽게 향상될 것입니다.

영어원서 본문 구성

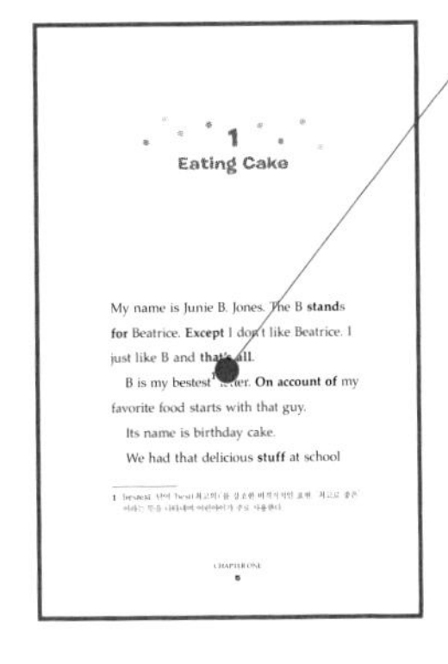

1

Eating Cake

My name is Junie B. Jones. The B **stands** **for** Beatrice. **Except** I don't like Beatrice. I just like B and **that's all**.

B is my bestest[1] letter. **On account of** my favorite food starts with that guy.

Its name is birthday cake.

We had that delicious **stuff** at school

CHAPTER ONE

내용이 담긴 본문입니다.

원어민이 읽는 일반 원서와 같은 텍스트지만, 암기해야 할 중요 어휘는 볼드체로 표시되어 있습니다. 이 어휘들은 지금 들고 계신 워크북에 챕터별로 정리되어 있습니다.

학습 심리학 연구 결과에 따르면, 한 단어씩 따로 외우는 단어 암기는 거의 효과가 없다고 합니다. 대신 단어를 제대로 외우기 위해서는 문맥(Context) 속에서 단어를 암기해야 하며, 한 단어 당 문맥 속에서 15번 이상 마주칠 때 완벽하게 암기할 수 있다고 합니다.

이 책의 본문은 중요 어휘를 볼드로 강조하여, 문맥 속의 단어들을 더 확실히 인지(Word Cognition in Context)하도록 돕고 있습니다. 또한 대부분의 중요한 단어는 다른 챕터에서도 반복해서 등장하기 때문에 이 책을 읽는 것만으로도 자연스럽게 어휘력을 향상시킬 수 있습니다.

또한 본문에는 내용 이해를 돕기 위해 '각주'가 첨가되어 있습니다. 각주는 굳이 암기할 필요는 없지만, 알아 두면 내용을 더 깊이 있게 이해할 수 있어 원서를 읽는 재미가 배가됩니다.

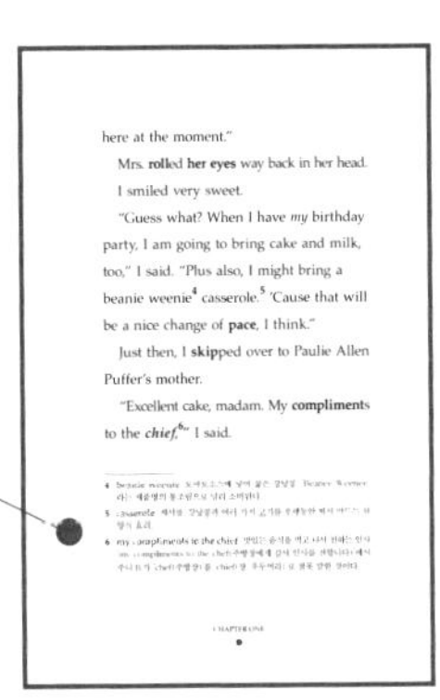

here at the moment."

Mrs. **rolled her eyes** way back in her head.

I smiled very sweet.

"Guess what? When I have *my* birthday party, I am going to bring cake and milk, too," I said. "Plus also, I might bring a beanie weenie[4] casserole.[5] 'Cause that will be a nice change of **pace**, I think."

Just then, I **skipped** over to Paulie Allen Puffer's mother.

"Excellent cake, madam. My **compliments** to the ***chief***,[6]" I said.

CHAPTER ONE

워크북(Workbook)의 구성

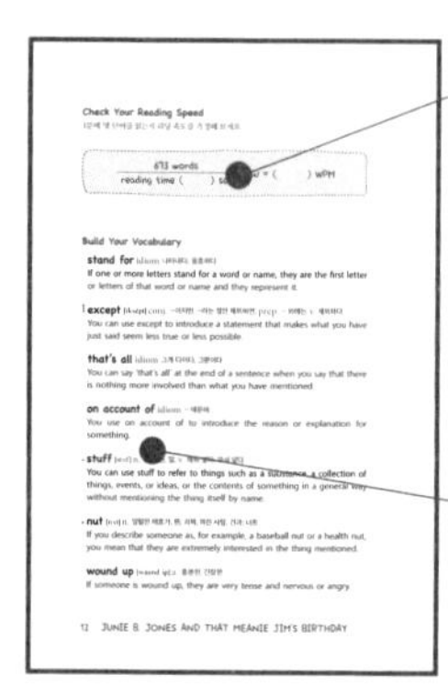
Check Your Reading Speed

673 words / reading time ( ) sec × 60 = ( ) WPM

Build Your Vocabulary

stand for idiom
If one or more letters stand for a word or name, they are the first letter or letters of that word or name and they represent it.

except conj. prep. v.
You can use except to introduce a statement that makes what you have just said seem less true or less possible.

that's all idiom
You can say 'that's all' at the end of a sentence when you say that there is nothing more involved than what you have mentioned.

on account of idiom
You use on account of to introduce the reason or explanation for something.

stuff n.
You can use stuff to refer to things such as a substance, a collection of things, events, or ideas, or the contents of something in a general way without mentioning the thing itself by name.

nut n.
If you describe someone as, for example, a baseball nut or a health nut, you mean that they are extremely interested in the thing mentioned.

wound up
If someone is wound up, they are very tense and nervous or angry.

12 JUNIE B. JONES AND THAT MEANIE JIM'S BIRTHDAY

Check Your Reading Speed

해당 챕터의 단어 수가 기록되어 있어, 리딩 속도를 측정할 수 있습니다. 특히 리딩 속도를 중시하는 독자는 유용하게 사용할 수 있습니다.

Build Your Vocabulary

본문에 볼드 표시되어 있는 단어가 정리되어 있습니다. 리딩 전, 후에 반복해서 보면 원서를 더욱 쉽게 읽을 수 있고, 어휘력도 빠르게 향상됩니다.

단어는 〈빈도 – 스펠링 – 발음기호 – 품사 – 한국어 뜻 – 영어 뜻〉 순서로 표기되어 있으며 빈도 표시(★)가 많을수록 필수 어휘입니다. 반복해서 등장하는 단어는 빈도 대신 '복습'으로 표기되어 있습니다. 품사는 아래와 같이 표기했습니다.

n. 명사 | **a.** 형용사 | **ad.** 부사 | **v.** 동사
conj. 접속사 | **prep.** 전치사 | **int.** 감탄사 | **idiom** 숙어 및 관용구

Comprehension Quiz

간단한 퀴즈를 통해 읽은 내용에 대한 이해력을 점검해 볼 수 있습니다.

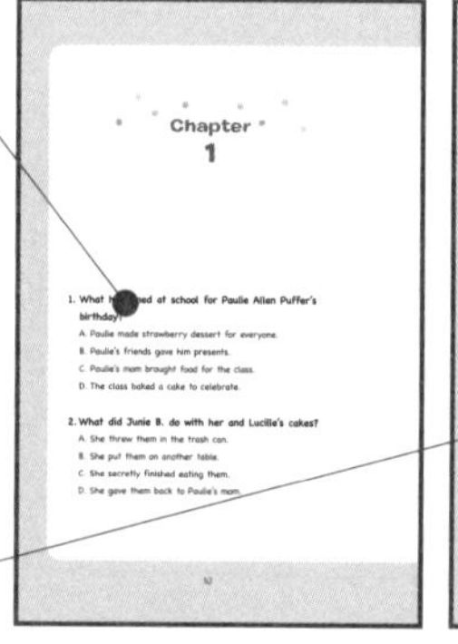
Chapter 1

1. What happened at school for Paulie Allen Puffer's birthday?
A. Paulie made strawberry dessert for everyone.
B. Paulie's friends gave him presents.
C. Paulie's mom brought food for the class.
D. The class baked a cake to celebrate.

2. What did Junie B. do with her and Lucille's cakes?
A. She threw them in the trash can.
B. She put them on another table.
C. She secretly finished eating them.
D. She gave them back to Paulie's mom.

번역

영문과 비교할 수 있도록 최대한 직역에 가까운 번역을 담았습니다.

이 책의 수준과 타깃 독자

- **미국 원어민 기준**: 유치원 ~ 초등학교 저학년
- **한국 학습자 기준**: 초등학교 저학년 ~ 중학생
- **영어원서 완독 경험이 없는 초보 영어 학습자** (토익 기준 450~750점대)
- **비슷한 수준의 다른 챕터북**: Arthur Chapter Book, Flat Stanley, The Zack Files, Magic Tree House, Marvin Redpost
- **도서 분량**: 약 6,000단어

아이도 어른도 재미있게 읽는 영어원서를
〈롱테일 에디션〉으로 만나 보세요!

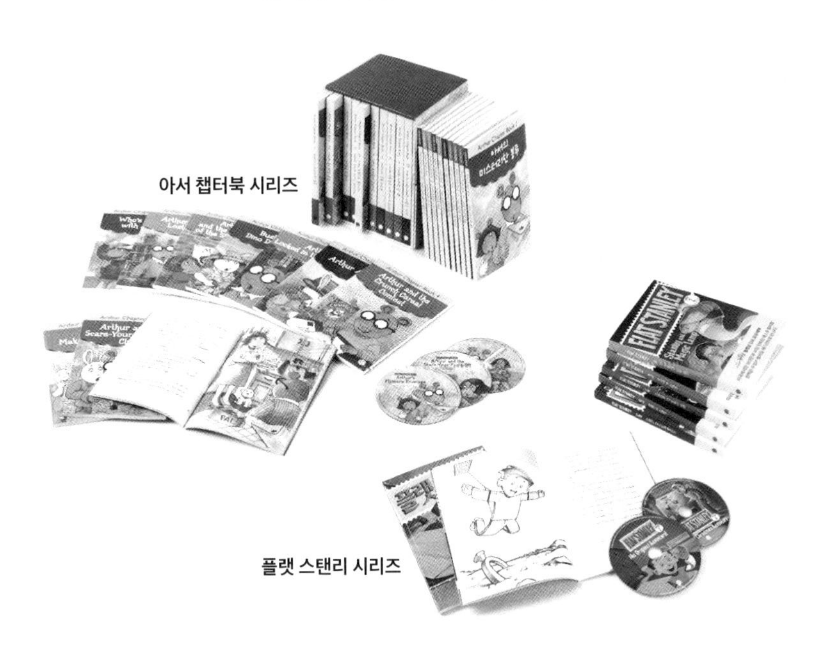

Chapter 1

1. What happened at school for Paulie Allen Puffer's birthday?

A. Paulie made strawberry dessert for everyone.

B. Paulie's friends gave him presents.

C. Paulie's mom brought food for the class.

D. The class baked a cake to celebrate.

2. What did Junie B. do with her and Lucille's cakes?

A. She threw them in the trash can.

B. She put them on another table.

C. She secretly finished eating them.

D. She gave them back to Paulie's mom.

3. What did Junie B. tell Mrs. that she was doing?

A. Sharing other kids' cake and milk

B. Stealing other kids' cake and milk

C. Cleaning up the other tables

D. Putting food on the other tables

4. How did Junie B. drop ice cream on Lucille?

A. She was telling Lucille an exciting story.

B. She was showing Lucille how to eat nicely.

C. She was playing an ice cream game with Lucille.

D. She was trying to take Lucille's spoon away.

5. What did Lucille say about her dress?

A. Her grandma made it by hand.

B. Her mom bought it for her.

C. It had to be cleaned with soap.

D. It cost a lot of money.

Check Your Reading Speed

1분에 몇 단어를 읽는지 리딩 속도를 측정해 보세요.

$$\frac{673 \text{ words}}{\text{reading time (\quad) sec}} \times 60 = (\quad) \text{ WPM}$$

Build Your Vocabulary

stand for idiom 나타내다; 옹호하다
If one or more letters stand for a word or name, they are the first letter or letters of that word or name and they represent it.

** **except** [iksépt] conj. ~이지만, ~라는 점만 제외하면; prep. ~ 외에는; v. 제외하다
You can use except to introduce a statement that makes what you have just said seem less true or less possible.

that's all idiom 그게 다이다, 그뿐이다
You can say 'that's all' at the end of a sentence when you say that there is nothing more involved than what you have mentioned.

on account of idiom ~ 때문에
You use on account of to introduce the reason or explanation for something.

* **stuff** [stʌf] n. 것, 물건, 일; v. 채워 넣다; 쑤셔 넣다
You can use stuff to refer to things such as a substance, a collection of things, events, or ideas, or the contents of something in a general way without mentioning the thing itself by name.

* **nut** [nʌt] n. 열렬한 애호가, 팬; 괴짜, 미친 사람; 견과; 너트
If you describe someone as, for example, a baseball nut or a health nut, you mean that they are extremely interested in the thing mentioned.

wound up [wàund ʌ́p] a. 흥분한, 긴장한
If someone is wound up, they are very tense and nervous or angry.

★★ **stomach** [stʌ́mək] n. 배, 복부, 위(胃)
You can refer to the front part of your body below your waist as your stomach.

★★ **upset** [ʌpsét] a. 속이 불편한, 배탈이 난; 속상한, 마음이 상한; v. 속상하게 하다
If your stomach is upset, you have an illness that is affecting your stomach, usually caused by something that you have eaten or drunk.

★ **trash** [træʃ] n. 쓰레기; v. 부수다; (필요 없는 것을) 버리다 (trash can n. 쓰레기통)
A trash can is a large round container where people put unwanted things or waste material.

★★★ **careful** [kɛ́ərfəl] a. 신중한, 조심하는, 주의 깊은; 세심한
If you are careful, you give serious attention to what you are doing, in order to avoid harm, damage, or mistakes.

duck [dʌk] v. (머리나 몸을) 휙 수그리다; 급히 움직이다; n. [동물] 오리
If you duck, you move your head or the top half of your body quickly downward to avoid something that might hit you, or to avoid being seen.

★★ **rub** [rʌb] v. (손·손수건 등을 대고) 문지르다; (두 손 등을) 맞비비다; n. 문지르기, 비비기
If you rub a part of your body, you move your hand or fingers backward and forward over it while pressing firmly.

tummy [tʌ́mi] n. 배, 복부
Your tummy is the part of the front of your body below your waist.

by oneself idiom 혼자; 도움을 받지 않고
If you are by yourself, or all by yourself, you are alone.

★★ **spot** [spat] n. (특정한) 곳; (작은) 점; v. 발견하다, 찾다, 알아채다
(hit the spot idiom (원하는) 딱 그것이다)
If something hits the spot, it is exactly what you want or need.

★ **hawk** [hɔːk] n. [동물] 매
A hawk is a large bird with a short, hooked beak, sharp claws, and very good eyesight.

roll one's eyes idiom 눈을 굴리다
If you roll your eyes or if your eyes roll, they move round and upward to show you are bored or annoyed.

★ **pace** [peis] n. (일·생활 등의) 속도; 걸음; v. (일의) 속도를 유지하다; 서성거리다
(change of pace idiom 기분 전환)
A change of pace is a temporary shift or variation in a normal routine or regular pattern of activity.

★ **skip** [skip] v. 깡충깡충 뛰다; (일을) 거르다; 생략하다; n. 깡충깡충 뛰기
If you skip along, you move almost as if you are dancing, with a series of little jumps from one foot to the other.

★ **compliment** [kámpləmənt] n. 칭찬, 찬사; v. 칭찬하다
A compliment is a polite remark that you make to someone to show that you like their appearance, appreciate their qualities, or approve of what they have done.

chef [ʃef] n. 주방장, 요리사
A chef is a cook in a restaurant or hotel.

high five [hài fáiv] n. 하이 파이브
If you give someone a high five, you put your hand up and hit their open hand with yours, especially after a victory or as a greeting.

★ **slap** [slæp] v. (손바닥으로) 철썩 때리다; 털썩 놓다; n. 철썩 때리기, 치기
If you slap someone, you hit them with the palm of your hand.

★ **mustache** [mʌ́stæʃ] n. 콧수염
A man's mustache is the hair that grows on his upper lip.

★★ **lip** [lip] n. 입술; 테두리
Your lips are the two outer parts of the edge of your mouth.

★ **frown** [fraun] n. 찡그림, 찌푸림; v. 얼굴을 찡그리다; 눈살을 찌푸리다
A frown is an expression on your face when you move your eyebrows together because you are angry, unhappy, or confused.

★ **dip** [dip] v. (무언가를 떠내기 위해 손·스푼 따위를) 넣다, 떠내다; 살짝 적시다; n. 담그기; 소스
If you dip your hand or a spoon into a container, you put them into it in order to take something out of it.

dainty [déinti] a. 조심스러운, 얌전한; 앙증맞은; n. 맛있는 것, 진미
If you describe a movement, person, or object as dainty, you mean that they are small, delicate, and pretty.

★★ **bite** [bait] n. 한 입; 물기; v. 물다; 베어 물다
A bite of food is the amount of food you take into your mouth when you bite it.

★ **slip** [slip] v. 미끄러지다; 슬며시 가다; (슬며시) 놓다; n. (작은) 실수; 미끄러짐
If something slips, it slides out of place or out of your hand.

plop [plap] v. 퐁당 하고 떨어지다; 털썩 주저앉다; 떨어뜨리다; n. 퐁당 (하는 소리)
If something plops somewhere, it drops there with a soft, gentle sound.

★ **lap** [læp] n. 무릎; v. 휘감다, 두르다; 겹치게 하다
If you have something on your lap when you are sitting down, it is on top of your legs that forms a flat surface.

holler [hálər] v. 소리 지르다, 고함치다; n. 고함, 외침
If you holler, you shout loudly.

★ **spill** [spil] v. (액체를) 흘리다, 쏟다; 쏟아져 나오다; n. 흘린 액체, 유출물
If a liquid spills or if you spill it, it accidentally flows over the edge of a container.

brand-new [brænd-njúː] a. 아주 새로운, 신상품의
A brand-new object is completely new.

nanna [nǽnə] n. 할머니; 유모
Some people refer to their grandmother as their nan or nanna.

★★ **tax** [tæks] n. 세금; v. 세금을 부과하다, 과세하다
Tax is an amount of money that you have to pay to the government so that it can pay for public services.

gulp [gʌlp] n. 꿀꺽 삼키기; v. 꿀꺽꿀꺽 삼키다; (숨을) 깊이 들이마시다
A gulp means an act of breathing in or of swallowing something.

*****cover** [kʌ́vər] v. 가리다; 덮다; n. 덮개; (pl.) (침대) 커버, 이불
If you cover something, you place something else over it in order to protect it, hide it, or close it.

Chapter 2

1. What did Junie B. tell Grace about her next birthday party?

A. Grace could have an extra cake and M&M's.

B. Grace could choose all the games that they play.

C. Grace would be the first person invited.

D. Grace would not have to wear a party hat.

2. What did Jim think of Junie B.'s birthday activities?

A. They were too dangerous for a kid's birthday party.

B. They were not as good as his birthday activities.

C. They were the same as his past birthday activities.

D. They were impossible to do at a birthday party.

3. What would Jim have at his birthday party this year?

A. A few circus clowns

B. Big balloon animals

C. A fun Bingo game

D. Real farm animals

4. What was NOT true about Jim?

A. His party would be in Room Nine.

B. He would give out invitations at school.

C. He would not invite Junie B. to his party.

D. It would be his birthday very soon.

5. Why did Grace let Junie B. sit by the window?

A. It was Junie B.'s turn to sit there.

B. She didn't want to fight with Junie B. for the seat.

C. She was trying to make Junie B. feel better.

D. Junie B. asked her to give up her seat.

Check Your Reading Speed

1분에 몇 단어를 읽는지 리딩 속도를 측정해 보세요.

$$\frac{802 \text{ words}}{\text{reading time (\quad) sec}} \times 60 = (\quad) \text{ WPM}$$

Build Your Vocabulary

★ **tap** [tæp] v. (가볍게) 톡톡 두드리다; n. (가볍게) 두드리기
If you tap something, you hit it with a quick light blow or a series of quick light blows.

★★★ **ride** [raid] v. (rode-ridden) (말·차량 등을) 타다; n. (말·차량 등을) 타고 달리기; 타기; 놀이기구
When you ride a vehicle such as a car, you travel in it, especially as a passenger.

★★★ **turn** [tə:rn] n. 차례, 순번; 돌기; v. 돌다, 돌리다; 변하다 (take turns idiom 번갈아 하다)
If two or more people take turns doing something, they do it one after the other several times, rather than doing it together.

복습 **except** [iksépt] prep. ~ 외에는; conj. ~이지만, ~라는 점만 제외하면; v. 제외하다
You use except to introduce the only person, thing, or fact that is not included in your main statement.

★★★ **settle** [setl] v. (논쟁 등을) 해결하다; 진정되다, 진정시키다; 자리를 잡다
If people settle an argument or problem, or if something settles it, they solve it.

★ **fist** [fist] n. 주먹
Your hand is referred to as your fist when you have bent your fingers in toward the palm in order to hit someone or to hold something.

★★ **mood** [mu:d] n. 기분; 분위기
Your mood is the way you are feeling at a particular time.

복습 **frown** [fraun] n. 찡그림, 찌푸림; v. 얼굴을 찡그리다; 눈살을 찌푸리다
A frown is an expression on your face when you move your eyebrows together because you are angry, unhappy, or confused.

복습 **upset** [ʌpsét] a. 속상한, 마음이 상한; 속이 불편한, 배탈이 난; v. 속상하게 하다
If you are upset, you are unhappy or disappointed because something unpleasant has happened to you.

yum [jʌm] int. 냠냠
People sometimes say 'yum' or 'yum yum' to show that they think something tastes or smells very good.

복습 **on account of** idiom ~ 때문에
You use on account of to introduce the reason or explanation for something.

★★ **melt** [melt] v. 녹다; (감정 등이) 누그러지다; n. 용해
When a solid substance melts or when you melt it, it changes to a liquid, usually because it has been heated.

복습 **that's all** idiom 그게 다이다, 그뿐이다
You can say 'that's all' at the end of a sentence when you say that there is nothing more involved than what you have mentioned.

meanie [míːni] n. 심술쟁이, 쩨쩨한 사람
A meanie is used especially by children to describe someone who is unkind, unpleasant, or not generous.

moron [mɔ́ːran] n. 바보 천치, 멍청이
If you refer to someone as a moron, you think that they are very stupid.

★ **clown** [klaun] v. 광대 짓을 하다; n. 광대, 피에로
If you clown, you do silly things in order to make people laugh.

★ **circus** [sə́ːrkəs] n. 서커스단, 곡예단; 서커스, 곡예
A circus is a group of people, and usually animals, that travels from place to place and entertains people by performing skillful or funny movements and tricks.

* **trick** [trik] n. 마술, 묘기; 속임수; 솜씨, 재주; 요령; v. 속이다, 속임수를 쓰다
A trick is a way of entertaining people by doing something that looks like magic.

* **lean** [li:n] v. 기울이다, (몸을) 숙이다; ~에 기대다; a. 호리호리한
When you lean in a particular direction, you bend your body in that direction.

* **pet** [pet] v. (다정하게) 어루만지다, 쓰다듬다; n. 반려동물
If you pet a person or animal, you touch them in an affectionate way.

* **yard** [ja:rd] n. 마당, 뜰; (학교의) 운동장; 정원
A yard is a piece of land next to someone's house, with grass and plants growing in it.

* **lamb** [læm] n. 새끼 양
A lamb is a young sheep.

burro [bə́:rou] n. 작은 당나귀
A burro is a small donkey.

* **pony** [póuni] n. 조랑말
A pony is a small or young horse.

* **waist** [weist] n. 허리
Your waist is the middle part of your body where it narrows slightly above your hips.

buck [bʌk] v. (말 등이) 날뛰다; 걷잡을 수 없이 흔들리다; n. 달러; 수사슴, 수토끼
If an animal such as a horse bucks, it kicks its back legs in the air or jumps off the ground in an uncontrolled way.

stomp [stamp] v. 쿵쿵거리며 걷다; 발을 구르며 춤추다
If you stomp somewhere, you walk there with very heavy steps, often because you are angry.

* **dumb** [dʌm] a. 멍청한, 바보 같은; 말을 못 하는
If you say that something is dumb, you think that it is silly and annoying.

jillion [dʒíljən] n. 막대한 수
If you talk about a jillion people or things, you are emphasizing that there is an extremely large number of them.

*** **billion** [bíljən] n. 10억; 막대한 수
A billion is a thousand million.

복습 **holler** [hálər] v. 소리 지르다, 고함치다; n. 고함, 외침
If you holler, you shout loudly.

** **invitation** [ìnvitéiʃən] n. 초대장; 초대, 초청
An invitation is the card or paper on which a request to come to an event is written or printed.

kid [kid] v. 농담하다; 속이다
If you are kidding, you are saying something that is not really true, as a joke.

*** **hardly** [há:rdli] ad. 거의 ~아니다; 거의 ~할 수가 없다; ~하자마자
You use hardly to modify a statement when you want to say that it is almost not true or almost does not happen at all.

* **bother** [báðər] v. 귀찮게 하다, 귀찮게 말을 걸다; 신경 쓰이게 하다; 신경 쓰다; n. 성가심
If someone bothers you, they talk to you when you want to be left alone or interrupt you when you are busy.

tiptoe [típtòu] n. (= tippy-toe) 발끝, 까치발; v. 발끝으로 (살금살금) 걷다
If you do something on tiptoe or on tiptoes, you do it standing or walking on the front part of your foot, without putting your heels on the ground.

swat [swat] v. 찰싹 때리다; n. 찰싹 때림; 강타
If you swat something such as an insect, you hit it with a quick, swinging movement, using your hand or a flat object.

* **lump** [lʌmp] n. 덩어리, 응어리; 혹; v. 함께 묶다
If you say that you have a lump in your throat, you mean that you have a tight feeling in your throat because of a strong emotion such as sorrow or gratitude.

* **throat** [θrout] n. 목구멍; 목
Your throat is the back of your mouth and the top part of the tubes that go down into your stomach and your lungs.

* **swallow** [swálou] v. (음식 등을) 삼키다; 마른침을 삼키다; n. 삼키기; [동물] 제비
If you swallow something, you cause it to go from your mouth down into your stomach.

* **pat** [pæt] v. 쓰다듬다, 토닥거리다; n. 쓰다듬기, 토닥거리기
If you pat something or someone, you tap them lightly, usually with your hand held flat.

Chapter 3

1. Why couldn't Junie B. talk to her grandma right away?

A. Her grandma was on the phone.

B. Her grandma was too tired.

C. Her grandma was about to leave.

D. Her grandma was busy with Ollie.

2. Why did Junie B. crawl under the covers?

A. To take a nap

B. To get attention from her family

C. To let out her anger

D. To make herself warm

3. What was Junie B.'s idea?

A. To take Jim's goat away from his party

B. To have a goat party at her house

C. To give out invitations before Jim did

D. To have a party together with Jim

4. Why wouldn't Junie B.'s mom let Junie B. have a party on Saturday?

A. It was not her birthday yet.

B. She just had a party recently.

C. There was not enough time to prepare.

D. Everyone was going to Jim's party.

5. Why did Junie B. still think that she could have a party?

A. She already had all the things that she needed.

B. She never told her class when her birthday was.

C. Her grandma promised that she could have a party.

D. The party did not have to be a birthday party.

Check Your Reading Speed

1분에 몇 단어를 읽는지 리딩 속도를 측정해 보세요.

$$\frac{\text{998 words}}{\text{reading time (\qquad) sec}} \times 60 = (\qquad) \text{ WPM}$$

Build Your Vocabulary

slump [slʌmp] v. 구부정하다; 털썩 앉다; 기가 죽다; 쇠퇴하다; n. 부진; 불황
If your shoulders or head slump or are slumped, they bend forward because you are unhappy, tired, or unconscious.

✱**shoulder** [ʃóuldər] n. 어깨; (옷의) 어깨 부분
Your shoulder is one of the two parts of your body between your neck and the top of your arms.

★**nursery** [nə́:rsəri] n. 아기방; 탁아소, 유치원
A nursery is a room in a family home in which the young children of the family sleep or play.

baby-sit [béibi-sit] v. (부모가 외출한 동안) 아이를 봐 주다
If you baby-sit for someone or baby-sit their children, you look after their children while they are out.

★**rock** [rak] v. 흔들다, 흔들리다; n. 바위; 돌멩이
When something rocks or when you rock it, it moves slowly and regularly backward and forward or from side to side.

✱**mean** [mi:n] a. 못된, 심술궂은; v. ~할 작정으로 말하다; 뜻하다
If someone is being mean, they are being unkind to another person, for example by not allowing them to do something.

✱**cruel** [krú:əl] a. 잔혹한, 잔인한; 고통스러운, 괴로운
Someone who is cruel deliberately causes pain or distress to people or animals.

cross one's arms idiom 팔짱을 끼다
When you cross your arms, you put one of your arms over the other in front of your body, so that each hand is on the opposite elbow.

복습 **tap** [tæp] v. (가볍게) 톡톡 두드리다; n. (가볍게) 두드리기
If you tap something, you hit it with a quick light blow or a series of quick light blows.

heavens [hévəns] int. 맙소사!
You say 'heavens!' or 'good heavens!' to express surprise or to emphasize that you agree or disagree with someone.

★★ **tired** [taiərd] a. 싫증난, 지긋지긋한; 피로한, 피곤한, 지친 (get tired of idiom ~에 싫증나다)
If you are tired of something, you do not want it to continue because you are bored of it or unhappy with it.

★★ **crawl** [krɔːl] v. 기어가다; 우글거리다; n. 기어가기
When you crawl, you move forward on your hands and knees.

★ **underneath** [ʌndərníːθ] prep. ~의 밑에, ~의 아래에
If one thing is underneath another, it is directly under it, and may be covered or hidden by it.

복습 **cover** [kʌvər] n. (pl.) (침대) 커버, 이불; 덮개; v. 가리다; 덮다
The covers on your bed are the things such as sheets and blankets that you have on top of you.

★★ **sheet** [ʃiːt] n. (침대) 시트; (종이) 한 장; 넓게 퍼져 있는 것
A sheet is a large rectangular piece of cotton or other cloth that you sleep on or cover yourself with in a bed.

muffle [mʌfl] v. 소리를 죽이다; 감싸다, 덮다
If something muffles a sound, it makes it quieter and more difficult to hear.

복습 **stuff** [stʌf] n. 것, 물건, 일; v. 채워 넣다; 쑤셔 넣다
You can use stuff to refer to things such as a substance, a collection of things, events, or ideas, or the contents of something in a general way without mentioning the thing itself by name.

복습 **meanie** [mí:ni] n. 심술쟁이, 쩨쩨한 사람
A meanie is used especially by children to describe someone who is unkind, unpleasant, or not generous.

복습 **clown** [klaun] n. 광대, 피에로; v. 광대 짓을 하다
A clown is a performer in a circus who wears funny clothes and bright make-up, and does silly things in order to make people laugh.

복습 **burro** [bə́:rou] n. 작은 당나귀
A burro is a small donkey.

복습 **pony** [póuni] n. 조랑말
A pony is a small or young horse.

★★ **consult** [kənsʌ́lt] v. 상의하다; 상담하다; 참고하다
If you consult someone, you discuss something with them before you make a decision.

★★ **knock** [nak] n. 문 두드리는 소리; 부딪침; v. (문 등을) 두드리다; 치다, 부딪치다
A knock is the sound of someone hitting a door or window with their hand or with something hard to attract attention.

★★★ **lift** [lift] v. 들어 올리다, 올라가다; n. 엘리베이터; (차 등을) 태워 주기
If you lift something, you move it to another position, especially upward.

peek [pi:k] v. (재빨리) 훔쳐보다; 살짝 보이다; n. 엿보기
If you peek at something or someone, you have a quick look at them, often secretly.

★ **sneak** [sni:k] v. 살금살금 가다; 몰래 하다; a. 기습적인
If you sneak somewhere, you go there very quietly on foot, trying to avoid being seen or heard.

★ **barn** [ba:rn] n. 외양간; 곳간, 헛간
A barn is a building on a farm in which animals, animal food, or crops can be kept.

복습 **stomp** [stamp] v. 쿵쿵거리며 걷다; 발을 구르며 춤추다
If you stomp somewhere, you walk there with very heavy steps, often because you are angry.

★★ **flat** [flæt] a. 납작한; 평평한; n. 바람 빠진 타이어; 평평한 부분; ad. 평평하게
A flat object is not very tall or deep in relation to its length and width.

★★ **pour** [pɔːr] v. 붓다, 따르다; 마구 쏟아지다; 쏟아져 나오다
If you pour a liquid or other substance, you make it flow steadily out of a container by holding the container at an angle.

sickish [síkiʃ] a. 토할 것 같은, 메스꺼운
If you feel sickish, you are somewhat ill and about to vomit.

★ **pop** [pap] v. 불쑥 나타나다; 눈이 휘둥그레지다; 펑 하는 소리가 나다; n. 펑 (하는 소리)
If something pops, it suddenly appears, especially when not expected.

복습 **pet** [pet] v. (다정하게) 어루만지다, 쓰다듬다; n. 반려동물
If you pet a person or animal, you touch them in an affectionate way.

all of a sudden idiom 갑자기
If something happens all of a sudden, it happens quickly and unexpectedly.

★ **speedy** [spíːdi] a. 빠른, 신속한
A speedy process, event, or action happens or is done very quickly.

복습 **invitation** [ìnvitéiʃən] n. 초대장; 초대, 초청
An invitation is the card or paper on which a request to come to an event is written or printed.

★ **couch** [kautʃ] n. 소파, 긴 의자
A couch is a long, comfortable seat for two or three people.

★★ **smooth** [smuːð] v. 매끈하게 하다, 반듯하게 펴다; a. 매끈한; 부드러운; (소리가) 감미로운
If you smooth something, you move your hands over its surface to make it smooth and flat.

복습 **lap** [læp] n. 무릎; v. 휘감다, 두르다; 겹치게 하다
If you have something on your lap when you are sitting down, it is on top of your legs that forms a flat surface.

★ **bear** [bɛər] v. (bore-born) (아이를) 낳다; 참다, 견디다; n. [동물] 곰 (born a. 태어난)
When a baby is born, it comes out of its mother's body at the beginning of its life.

★ **impossible** [impásəbl] a. 불가능한; 대단히 곤란한, 난감한
Something that is impossible cannot be done or cannot happen.

★ **whisper** [hwíspər] v. 속삭이다, 소곤거리다; n. 속삭임, 소곤거리는 소리
When you whisper, you say something very quietly, using your breath rather than your throat, so that only one person can hear you.

pull off idiom (힘든 것을) 해내다, 성사시키다
If you pull off something very difficult, you succeed in doing or achieving it.

ruffle [rʌfl] v. 헝클다; (마음을) 산란하게 하다; n. 주름 장식
If you ruffle someone's hair, you move your hand backward and forward through it as a way of showing your affection toward them.

★ **wipe** [waip] v. (먼지·물기 등을) 닦다; 지우다; n. 닦기
If you wipe dirt or liquid from something, you remove it, for example by using a cloth or your hand.

★ **tissue** [tíʃuː] n. 화장지; (세포) 조직
A tissue is a piece of thin soft paper that you use to blow your nose.

★ **hug** [hʌg] v. 껴안다, 포옹하다; n. 포옹
When you hug someone, you put your arms around them and hold them tightly, for example because you like them or are pleased to see them.

Chapter 4

1. What did Junie B. say about moving?

A. It was because she was upset about Jim's party.

B. It would happen after Saturday.

C. It meant that she would not go to the school anymore.

D. It was the first idea that she came up with.

2. What did Junie B.'s parents suggest that Junie B. do?

A. Force Jim to invite her to his party

B. Explain to Jim that he made her feel bad

C. Tell Jim that she cared about him

D. Act like Jim's party was not important to her

3. Why did Junie B.'s grandpa want Junie B. to go to his house?

A. To be his assistant

B. To find his tool belt

C. To help him get a new job

D. To do all of his work

4. What did Junie B. think about fixing the toilet?

A. It would be really interesting.

B. It would be extremely difficult.

C. It would take a long time.

D. It would require all the tools.

5. After talking with her grandpa, what did Junie B. plan to do?

A. She no longer had a plan.

B. She still planned to move.

C. She planned to visit her grandpa on Saturday.

D. She planned to go to Jim's party on Saturday.

Check Your Reading Speed

1분에 몇 단어를 읽는지 리딩 속도를 측정해 보세요.

$$\frac{913\ \text{words}}{\text{reading time (} \quad \text{) sec}} \times 60 = (\quad)\ \text{WPM}$$

Build Your Vocabulary

복습 **holler** [hálər] v. 소리 지르다, 고함치다; n. 고함, 외침
If you holler, you shout loudly.

★ **pillow** [pílou] n. 베개
A pillow is a rectangular cushion which you rest your head on when you are in bed.

★★★ **exact** [igzǽkt] a. 정확한; 꼼꼼한, 빈틈없는 (exactly ad. 정확히, 꼭)
You use exactly when you want to ask for more information about something.

복습 **shoulder** [ʃóuldər] n. 어깨; (옷의) 어깨 부분
Your shoulder is one of the two parts of your body between your neck and the top of your arms.

복습 **hug** [hʌg] v. 껴안다, 포옹하다; n. 포옹
When you hug someone, you put your arms around them and hold them tightly, for example because you like them or are pleased to see them.

복습 **on account of** idiom ~ 때문에
You use on account of to introduce the reason or explanation for something.

복습 **whisper** [hwíspər] v. 속삭이다, 소곤거리다; n. 속삭임, 소곤거리는 소리
When you whisper, you say something very quietly, using your breath rather than your throat, so that only one person can hear you.

★★★ **hall** [hɔːl] n. (건물 내의) 복도, 통로; (크고 넓은) 방, 홀, 회관
A hall in a building is a long passage with doors into rooms on both sides of it.

복습 **ride** [raid] n. 타기; (말·차량 등을) 타고 달리기; 놀이기구; v. (말·차량 등을) 타다
A ride is a trip on a horse or bicycle, or in a vehicle.

★ **react** [riǽkt] v. 반응하다; 반응을 보이다 (reaction n. 반응)
Your reaction to something that has happened or something that you have experienced is what you feel, say, or do because of it.

복습 **that's all** idiom 그게 다이다, 그뿐이다
You can say 'that's all' at the end of a sentence when you say that there is nothing more involved than what you have mentioned.

★★★ **pretend** [priténd] v. ~인 척하다, ~인 것처럼 굴다; ~라고 가장하다; a. 모조의, 장난감의
If you pretend that something is the case, you act in a way that is intended to make people believe that it is the case, although in fact it is not.

★ **wink** [wiŋk] v. 윙크하다; (빛이) 깜박거리다; n. 윙크
When you wink at someone, you look toward them and close one eye very briefly, usually as a signal that something is a joke or a secret.

★ **entire** [intáiər] a. 전체의, 완전한, 온전한
You use entire when you want to emphasize that you are referring to the whole of something, for example, the whole of a place, time, or population.

★★★ **light** [lait] v. (lit-lit) 밝아지다; 불을 붙이다; n. 빛
If a person's eyes or face light up, or something lights them up, they become bright with excitement or happiness.

figure out idiom 알아내다, 이해하다; 계산하다, 산출하다
If you figure out a solution to a problem or the reason for something, you succeed in solving it or understanding it.

★ **puppet** [pʌ́pit] n. (인형극에 쓰는) 인형, 꼭두각시
A puppet is a doll that you can move, either by pulling strings which are attached to it or by putting your hand inside its body and moving your fingers.

복습 **knock** [nak] v. 치다, 부딪치다; (문 등을) 두드리다; n. 부딪침; 문 두드리는 소리
If you knock something, you repeatedly hit it, producing a noise.

복습 **edge** [edʒ] n. 끝, 가장자리; 우위; v. 조금씩 움직이다; 테두리를 두르다
The edge of something is the place or line where it stops, or the part of it that is furthest from the middle.

be up to idiom ~하고 있다; ~을 계획하다; ~에 달려 있다
If you are up to something, you are doing or planning something.

복습 **upset** [ʌpsét] a. 속상한, 마음이 상한; 속이 불편한, 배탈이 난; v. 속상하게 하다
If you are upset, you are unhappy or disappointed because something unpleasant has happened to you.

crinkle [kriŋkl] v. 주름지게 하다; 많은 잔주름이 생기다; 버스럭거리다; n. 주름
If something crinkles or if you crinkle it, it becomes slightly creased or folded.

★ **eyebrow** [áibràu] n. 눈썹
Your eyebrows are the lines of hair which grow above your eyes.

복습 **conversation** [kὰnvərséiʃən] n. 대화
If you have a conversation with someone, you talk with them, usually in an informal situation.

fishy [fíʃi] a. 의심스러운, 수상한; 생선 냄새가 나는, 비린내 나는
If you describe a situation as fishy, you feel that someone is not telling the truth or behaving completely honestly.

복습 **careful** [kέərfəl] a. 신중한, 조심하는, 주의 깊은; 세심한
If you are careful, you give serious attention to what you are doing, in order to avoid harm, damage, or mistakes.

odd [ad] a. 임시의, 이따금의; 이상한, 특이한; 홀수의 (odd jobs n. 허드렛일, 잡역)
Odd jobs are various small jobs that have to be done in someone's home, such as cleaning or repairing things.

tool [tu:l] n. 도구, 연장; 수단
A tool is any instrument or simple piece of equipment that you hold in your hands and use to do a particular kind of work.

proud [praud] a. 자랑스러워하는, 자랑스러운; 오만한, 거만한
If you feel proud, you feel pleased about something good that you possess or have done, or about something good that a person close to you has done.

복습 **jillion** [dʒíljən] n. 막대한 수
If you talk about a jillion people or things, you are emphasizing that there is an extremely large number of them.

wrap [ræp] v. 둘러싸다; 포장하다; (무엇의 둘레를) 두르다; n. 포장지; 랩
If something wraps around another thing or someone, it is put around them.

cave in idiom 무너지다, 함몰되다
If something such as a roof or a ceiling caves in, it falls down or inward.

hang on idiom 잠깐 기다려, 멈춰 봐; 꽉 붙잡다
If you ask someone to hang on, you ask them to wait or stop what they are doing or saying for a moment.

instead [instéd] ad. 대신에
If you do one thing instead of another, you do the first thing and not the second thing, as the result of a choice or a change of behavior.

patient [péiʃənt] a. 참을성 있는, 인내심 있는; n. 환자
If you are patient, you stay calm and do not get annoyed, for example, when something takes a long time, or when someone is not doing what you want them to do.

✱upstairs [ʌ̀pstέərz] a. 위층의; ad. 위층으로; 위층에; n. 위층
An upstairs room or object is situated on a floor of a building that is higher than the ground floor.

★toilet [tɔ́ilit] n. 변기; 화장실
A toilet is a large bowl attached to a pipe that you sit on or stand over when you get rid of waste matter from your body.

all the way idiom 완전히; 내내, 시종
If you do something all the way, you do it totally and completely.

★lid [lid] n. 뚜껑
A lid is the top of a box or other container which can be removed or raised when you want to open the container.

★flush [flʌʃ] v. (변기의) 물을 내리다; (얼굴이) 붉어지다; n. 홍조
When someone flushes a toilet after using it, they fill the toilet bowl with water in order to clean it, usually by pressing a handle or pulling a chain.

✱float [flout] v. (물에) 뜨다; (물 위나 공중에서) 떠가다; n. 부표
Something that floats lies on or just below the surface of a liquid when it is put in it and does not sink.

count on idiom 의지하다, 믿다; 기대하다
If you count on someone or count upon them, you rely on them to support you or help you.

✱date [deit] n. (만나기로 하는) 약속; (특정한) 날짜; v. 날짜를 적다
A date is an appointment to meet someone or go out with them.

✱silly [síli] a. 어리석은, 바보 같은; 우스꽝스러운; n. 바보
If you say that someone or something is silly, you mean that they are foolish, childish, or ridiculous.

Chapter 5

1. Why did Junie B.'s mother bring her to school?

A. So that Junie B. would not move

B. So that Junie B. could avoid Jim

C. So that Junie B. would not be late

D. So that Junie B. could spend more time with her

2. What did Junie B. do when she saw Lucille and Grace?

A. She stared at their invitations.

B. She followed them around.

C. She ignored them.

D. She sang songs with them.

3. Why did Junie B. take William's invitation?

A. He was not planning to go to the party.

B. He could go to the party without an invitation.

C. He received more than one invitation.

D. He would not try to get the invitation back.

4. What did Junie B. tell the teacher?

A. The invitation did not have a name on it.

B. William gave her the invitation.

C. She found the invitation on the ground.

D. She wanted the invitation more than William did.

5. Why did Junie B. give the invitation back to William?

A. Everyone in class was looking at her.

B. She felt guilty about taking it.

C. William would not stop crying.

D. Mrs. made her return it.

Check Your Reading Speed

1분에 몇 단어를 읽는지 리딩 속도를 측정해 보세요.

$$\frac{1{,}052 \text{ words}}{\text{reading time (} \quad \text{) sec}} \times 60 = (\quad) \text{ WPM}$$

Build Your Vocabulary

★ **buzz** [bʌz] v. 윙윙거리다; 쌩 울리며 지나가다; 활기가 넘치다; n. 윙윙거리는 소리; 웅성거림
If something buzzes or buzzes somewhere, it makes a long continuous sound, like the noise a bee makes when it is flying.

복습 **turn** [təːrn] n. 차례, 순번; 돌기; v. 돌다, 돌리다; 변하다 (take turns idiom 번갈아 하다)
If two or more people take turns to do something, they do it one after the other several times, rather than doing it together.

복습 **baby-sit** [béibi-sit] v. (부모가 외출한 동안) 아이를 봐 주다
If you baby-sit for someone or baby-sit their children, you look after their children while they are out.

kindergarten [kíndərgàːrtn] n. 유치원
A kindergarten is a school or class for children aged 4 to 6 years old. It prepares them to go into the first grade.

복습 **except** [iksépt] prep. ~ 외에는; conj. ~이지만, ~라는 점만 제외하면; v. 제외하다
You use except to introduce the only person, thing, or fact that is not included in your main statement.

복습 **instead** [instéd] ad. 대신에
If you do one thing instead of another, you do the first thing and not the second thing, as the result of a choice or a change of behavior.

★ **thoughtful** [θɔ́:tfəl] a. 배려심 있는, 친절한; 생각에 잠긴; 사려 깊은
If you describe someone as thoughtful, you approve of them because they remember what other people want, need, or feel, and try not to upset them.

★★ **stiff** [stif] a. 뻣뻣한; 결리는, 뻐근한; 경직된; ad. 몹시, 극심하게
Something that is stiff is firm or does not bend easily.

★★★ **fit** [fit] v. (모양·크기가) 맞다; 적절하다; 어울리게 하다; a. 적합한, 알맞은; 건강한
If something fits, it is the right size and shape to go onto a person's body or onto a particular object.

★ **wrestle** [resl] v. 몸싸움을 벌이다, 맞붙어 싸우다; (힘든 문제와) 씨름하다
If you wrestle with someone, you fight by holding and pushing them but without hitting with your fists.

teeny [tí:ni] a. 아주 작은
If you describe something as teeny, you are emphasizing that it is very small.

복습 **all the way** idiom 내내, 시종; 완전히
If you do something all the way somewhere, you do it during the whole journey or period of time.

parking lot [pá:rkiŋ lat] n. 주차장
A parking lot is an area of ground where people can leave their cars.

복습 **lift** [lift] v. 들어 올리다, 올라가다; n. 엘리베이터; (차 등을) 태워 주기
If you lift something, you move it to another position, especially upward.

★ **playground** [pléigràund] n. (학교의) 운동장; 놀이터
A playground is a piece of land, at school or in a public area, where children can play.

복습 **pretend** [priténd] v. ~인 척하다, ~인 것처럼 굴다; ~라고 가장하다; a. 모조의, 장난감의
If you pretend that something is the case, you act in a way that is intended to make people believe that it is the case, although in fact it is not.

복습 **bother** [báðər] v. 신경 쓰이게 하다; 신경 쓰다; 귀찮게 하다, 귀찮게 말을 걸다; n. 성가심
If something bothers you, or if you bother about it, it worries, annoys, or upsets you.

복습 **invitation** [ìnvitéiʃən] n. 초대장; 초대, 초청
An invitation is the card or paper on which a request to come to an event is written or printed.

복습 **pet** [pet] v. (다정하게) 어루만지다, 쓰다듬다; n. 반려동물
If you pet a person or animal, you touch them in an affectionate way.

복습 **cover** [kʌ́vər] v. 가리다; 덮다; n. 덮개; (pl.) (침대) 커버, 이불
If you cover something, you place something else over it in order to protect it, hide it, or close it.

★ **lung** [lʌŋ] n. 폐, 허파
Your lungs are the two organs inside your chest which fill with air when you breathe in.

복습 **by oneself** idiom 혼자; 도움을 받지 않고
If you are by yourself, or all by yourself, you are alone.

복습 **meanie** [míːni] n. 심술쟁이, 쩨쩨한 사람
A meanie is used especially by children to describe someone who is unkind, unpleasant, or not generous.

crybaby [kráibèibi] n. 울보
If you call a child a crybaby, you mean that the child cries a lot for no good reason.

scaredy cat [skέərdi kæt] n. 겁쟁이, 소심한 사람
A scaredy cat is someone, especially a child, who is easily frightened.

★ **scare** [skεər] v. 무서워하다; 놀라게 하다; n. 불안(감); 놀람, 공포
(scared a. 무서워하는, 겁먹은)
If you are scared of someone or something, you are frightened of them.

★ **flea** [fli:] n. 벼룩
A flea is a very small jumping insect that has no wings and feeds on the blood of humans or animals.

★★ **chase** [ʧeis] v. 뒤쫓다, 추적하다; 추구하다; n. 추적, 추격; 추구함
If you chase someone, or chase after them, you run after them or follow them quickly in order to catch or reach them.

★★ **include** [inklú:d] v. 포함하다; ~을 (~에) 포함시키다
You use including to introduce examples of people or things that are part of the group of people or things that you are talking about.

squint [skwint] v. 눈을 가늘게 뜨고 보다; 곁눈질로 보다; n. 잠깐 봄; 사시
If you squint at something, you look at it with your eyes partly closed.

★★★ **speed** [spi:d] v. 빨리 가다; 더 빠르게 하다; 속도위반하다; n. 속도
If you speed somewhere, you move or travel there quickly.

zippy [zípi] a. 아주 빠른; 생기 넘치는, 활발한
If you describe something or someone as zippy, you mean that they move very quickly.

★ **grab** [græb] v. (와락·단단히) 붙잡다; 급히 ~하다; n. 와락 잡아채려고 함
If you grab someone or something, you take or hold them with your hand suddenly, firmly, or roughly.

★★ **swing** [swiŋ] n. 그네; 흔들기; v. (전후·좌우로) 흔들다, 흔들리다; 휙 움직이다; 휘두르다
(**swing set** n. 그네와 미끄럼틀로 이루어진 스윙 세트)
A swing set is a frame for children to play on including one or more swings and often a slide.

복습 **skip** [skip] v. 깡충깡충 뛰다; (일을) 거르다; 생략하다; n. 깡충깡충 뛰기
If you skip along, you move almost as if you are dancing, with a series of little jumps from one foot to the other.

sniffle [snifl] v. (계속) 훌쩍거리다; n. 훌쩍거림; 훌쩍거리는 소리
If you sniffle, you keep breathing in noisily through your nose, for example because you are crying or you have a cold.

★**strap** [stræp] n. 끈, 줄, 띠; v. 끈으로 묶다; 붕대를 감다
A strap is a narrow piece of leather or other strong material used for fastening something or giving support.

★**outfit** [áutfit] n. 한 벌의 옷, 복장; 장비; v. (복장·장비를) 갖추어 주다
An outfit is a set of clothes.

복습 **frown** [fraun] n. 찡그림, 찌푸림; v. 얼굴을 찡그리다; 눈살을 찌푸리다
A frown is an expression on your face when you move your eyebrows together because you are angry, unhappy, or confused.

복습 **tap** [tæp] v. (가볍게) 톡톡 두드리다; n. (가볍게) 두드리기
If you tap something, you hit it with a quick light blow or a series of quick light blows.

★**snatch** [snæʧ] v. 잡아채다, 와락 붙잡다; 간신히 얻다; n. 잡아 뺏음, 강탈; 조각
If you snatch something or snatch at something, you take it or pull it away quickly.

복습 **rock** [rak] v. 흔들다, 흔들리다; n. 바위; 돌멩이
When something rocks or when you rock it, it moves slowly and regularly backward and forward or from side to side.

back and forth idiom 앞뒤로; 좌우로; 여기저기에, 왔다 갔다
If someone moves back and forth, they repeatedly move in one direction and then in the opposite direction.

★**bounce** [bauns] v. 튀다; 깡충깡충 뛰다; n. 튐, 튀어 오름; 탄력
When an object such as a ball bounces or when you bounce it, it moves upward from a surface or away from it immediately after hitting it.

★★**bend** [bend] v. (bent-bent) (몸·머리를) 굽히다, 숙이다; 구부리다; n. (도로·강의) 굽이, 굽은 곳
When you bend, you move the top part of your body downward and forward.

복습 **lean** [li:n] v. 기울이다, (몸을) 숙이다; ~에 기대다; a. 호리호리한
When you lean in a particular direction, you bend your body in that direction.

복습 **gulp** [gʌlp] n. 꿀꺽 삼키기; v. 꿀꺽꿀꺽 삼키다; (숨을) 깊이 들이마시다
A gulp means an act of breathing in or of swallowing something.

★ **shove** [ʃʌv] v. 아무렇게나 놓다; (거칠게) 밀치다; n. 힘껏 떠밂
If you shove something somewhere, you push it there quickly and carelessly.

stinky [stíŋki] a. 지독한, 역겨운; 악취가 나는
If something is stinky, it is extremely unpleasant or bad.

tattletale [tǽtltèil] n. 수다쟁이, 고자질쟁이; a. 고자질하는, 비밀을 폭로하는
A tattletale is a child who tells an adult what another child has done wrong.

복습 **slump** [slʌmp] v. 구부정하다; 털썩 앉다; 기가 죽다; 쇠퇴하다; n. 부진; 불황
If your shoulders or head slump or are slumped, they bend forward because you are unhappy, tired, or unconscious.

Chapter 6

1. Why couldn't Junie B. focus on her schoolwork?

A. Learning about shapes was boring.

B. Drawing shapes was too hard.

C. She kept thinking about Jim's party.

D. Her friends kept talking about Jim's party.

2. Why did Junie B. suggest pretending to be twins with Lucille?

A. So that Lucille would look exactly like her

B. So that Lucille would not go to the party

C. So that they could make fun of Jim together

D. So that they would have the same birthday

3. What did Lucille think about twins?

A. They did not always do the same thing.

B. They could never be best friends.

C. They could trick people easily.

D. They got into trouble more often.

4. Why did Junie B. get mad at Jim?

A. He told the teacher that she was being loud.

B. He called her a fatty head.

C. He refused to turn back around.

D. He sat in her chair.

5. Why did Junie B. hesitate to go to the principal's office?

A. She did not want to miss class.

B. She did not believe that she did anything wrong.

C. The principal was not a nice man.

D. Her mother would not be happy.

Check Your Reading Speed

1분에 몇 단어를 읽는지 리딩 속도를 측정해 보세요.

$$\frac{656 \text{ words}}{\text{reading time (} \quad \text{) sec}} \times 60 = (\quad) \text{ WPM}$$

Build Your Vocabulary

★ **daydream** [déidrìːm] v. 공상에 잠기다; n. 백일몽; 공상
If you daydream, you think about pleasant things for a period of time, usually about things that you would like to happen.

★ **attendance** [əténdəns] n. 출석, 참석 (take attendance idiom 출석을 확인하다)
If you take attendance, you check who is present and who is not present at a place and mark this information on a list of names.

복습 **except** [iksépt] conj. ~이지만, ~라는 점만 제외하면; prep. ~ 외에는; v. 제외하다
You can use except to introduce a statement that makes what you have just said seem less true or less possible.

★ **pledge** [pledʒ] v. 맹세하다, 서약하다; n. 맹세, 서약
When someone pledges something, they promise to give it in a serious way.

★ **allegiance** [əlíːdʒəns] n. (국가·정당·종교 등에 대한) 충성
Your allegiance is your support for and loyalty to a particular group, person, or belief.

★★ **flag** [flæg] n. 기, 깃발; v. 표시를 하다; 지치다
A flag is a piece of cloth which can be attached to a pole and which is used as a sign, signal, or symbol of something, especially of a particular country.

★ **ceremony** [sérəmòuni] n. 의식, 의례
Ceremony consists of the special things that are said and done on very formal occasions.

★★ **square** [skwεər] n. 정사각형; 광장; a. 정사각형 모양의; 공정한
A square is a shape with four sides that are all the same length and four corners that are all right angles.

★ **triangle** [tráiæŋgl] n. 삼각형
A triangle is an object, arrangement, or flat shape with three straight sides and three angles.

★ **breeze** [bri:z] n. 식은 죽 먹기; 산들바람, 미풍; v. 경쾌하게 움직이다
A breeze is a thing that is easy to do.

복습 **stuff** [stʌf] n. 것, 물건, 일; v. 채워 넣다; 쑤셔 넣다
You can use stuff to refer to things such as a substance, a collection of things, events, or ideas, or the contents of something in a general way without mentioning the thing itself by name.

★ **concentrate** [kánsəntrèit] v. (정신을) 집중하다; (한 곳에) 모으다; n. 농축물
If you concentrate on something, or concentrate your mind on it, you give all your attention to it.

복습 **on account of** idiom ~때문에
You use on account of to introduce the reason or explanation for something.

★★ **asleep** [əslí:p] a. 잠이 든
Someone who is asleep is sleeping.

★ **precious** [préʃəs] a. 사랑스러운, 귀여운; 귀중한, 값비싼; 소중한; ad. 정말 거의 없는
If you describe someone as precious, they are loved or valued very much.

fluff [flʌf] v. 부풀리다; n. (동물이나 새의) 솜털; 보풀
If you fluff something, you make it appear bigger or full of air by hitting or shaking it.

★ **fingernail** [fíŋgərnèil] n. 손톱
Your fingernails are the thin hard areas at the end of each of your fingers.

★ **polish** [páliʃ] n. 광택제; 윤 내기; v. (윤이 나도록) 닦다, 광을 내다; 손질하다
Polish is a substance that you put on the surface of an object in order to clean it, protect it, and make it shine.

★ **twin** [twin] n. 쌍둥이 중의 한 명; a. 쌍둥이의; 한 쌍의, 많이 닮은
If two people are twins, they have the same mother and were born on the same day.

★★ **nail** [neil] n. 손톱; 못; v. 못으로 박다; ~을 완벽하게 하다
Your nails are the thin hard parts that grow at the ends of your fingers and toes.

huffy [hʌ́fi] a. 발끈 성내는, 확 토라진
Someone who is huffy is obviously annoyed or offended about something.

★★★ **rule** [ruːl] n. 규칙, 규정; 지배, 통치; v. 지배하다, 통치하다
Rules are instructions that tell you what you are allowed to do and what you are not allowed to do.

★★ **cousin** [kʌzn] n. 사촌
Your cousin is the child of your uncle or aunt.

★ **yell** [jel] v. 고함치다, 소리 지르다; n. 고함, 외침
If you yell, you shout loudly, usually because you are excited, angry, or in pain.

★ **snap** [snæp] v. 탁 소리 내다; (화난 목소리로) 딱딱거리다; 툭 하고 부러지다; n. 탁 하는 소리
If you snap your fingers, you make a sharp sound by moving your middle finger quickly across your thumb.

복습 **holler** [hálər] v. 소리 지르다, 고함치다; n. 고함, 외침
If you holler, you shout loudly.

복습 **mean** [mi:n] a. 못된, 심술궂은; v. ~할 작정으로 말하다; 뜻하다
If someone is being mean, they are being unkind to another person, for example by not allowing them to do something.

★★★ **march** [ma:rʧ] v. (강요해서) 데려가다; 행진하다; (급히) 걸어가다; n. 행진; 3월
If you march someone somewhere, you force them to walk there with you, for example by holding their arm tightly.

복습 **hall** [hɔ:l] n. (건물 내의) 복도, 통로; (크고 넓은) 방, 홀, 회관
A hall in a building is a long passage with doors into rooms on both sides of it.

★ **principal** [prínsəpəl] n. 교장; a. 주요한, 주된
The principal of a school or college is the person in charge of the school or college.

복습 **gulp** [gʌlp] n. 꿀꺽 삼키기; v. 꿀꺽꿀꺽 삼키다; (숨을) 깊이 들이마시다
A gulp means an act of breathing in or of swallowing something.

be supposed to idiom ~하기로 되어 있다
If you are supposed to do something, you are expected or required to do it according to a rule, a custom or an arrangement.

★★★ **count** [kaunt] v. (수를) 세다; 중요하다; 간주하다; 인정하다; n. 수치; 셈, 계산
If you count, you say numbers one after another in order.

scary [skέəri] a. 무서운, 겁나는
Something that is scary is rather frightening.

Chapter 7

1. How did the principal react when Junie B. entered his office?

A. He was glad because he liked hearing her stories.

B. He was annoyed because he was already busy.

C. He was surprised because Junie B. was a good student.

D. He was tired because Junie B. got in trouble again.

2. What did the principal say after talking to Junie B.'s mom?

A. Junie B.'s problem could be fixed quickly.

B. Junie B. had the biggest problem that he had ever heard.

C. Grown-ups always had to help kids with their problems.

D. Kids could have problems even though they were young.

3. Why did the principal give Junie B. a shopping bag?

A. So that she could put her things in it

B. So that she could hide on the chair

C. So that she would stop talking

D. So that she could trick Jim

4. What had Jim's mother told him to do?

A. Say sorry to Junie B.

B. Try to be friends with Junie B.

C. Invite the whole class to his party

D. Keep his party a secret from everyone

5. How did Junie B. feel when she finally got an invitation?

A. She was so happy that she could not sit still.

B. She was so amazed that she could not speak.

C. She was so thankful that she hugged Jim.

D. She was so shocked that she stared at Jim.

Check Your Reading Speed

1분에 몇 단어를 읽는지 리딩 속도를 측정해 보세요.

$$\frac{\text{1,185 words}}{\text{reading time (\quad) sec}} \times 60 = (\quad) \text{ WPM}$$

Build Your Vocabulary

복습 **principal** [prínsəpəl] n. 교장; a. 주요한, 주된
The principal of a school or college is the person in charge of the school or college.

unruly [ʌnrúːli] a. 다루기 힘든, 제멋대로 구는; (머리털 등이) 흐트러지기 쉬운
If you describe people, especially children, as unruly, you mean that they behave badly and are difficult to control.

★★ **type** [taip] v. 타자를 치다, 입력하다; 분류하다; n. 유형, 종류
If you type something, you write it using a computer keyboard or typewriter.

복습 **lean** [liːn] v. 기울이다, (몸을) 숙이다; ~에 기대다; a. 호리호리한
When you lean in a particular direction, you bend your body in that direction.

★ **counter** [káuntər] n. (식당·바·도서관 등의) 창구, 카운터; 반작용; v. 반박하다; 대응하다
In a place such as a store or café, a counter is a long, narrow table or flat surface at which customers are served.

복습 **scary** [skɛ́əri] a. 무서운, 겁나는
Something that is scary is rather frightening.

tadpole [tǽdpòul] n. 올챙이
Tadpoles are small water creatures which grow into frogs or toads.

복습 **all the way** idiom 완전히; 내내, 시종
If you do something all the way, you do it totally and completely.

복습 **cover** [kʌ́vər] v. 가리다; 덮다; n. 덮개; (pl.) (침대) 커버, 이불 (uncover v. 덮개를 벗기다)
To uncover something means to remove something that is covering it.

복습 **rub** [rʌb] v. (손·손수건 등을 대고) 문지르다; (두 손 등을) 맞비비다; n. 문지르기, 비비기
If you rub a part of your body, you move your hand or fingers backward and forward over it while pressing firmly.

baldie [bɔ́:ldi] n. 대머리인 사람
People sometimes refer to someone who has lost or is losing the hair on their head as a baldie, in a friendly or humorous way.

복습 **meanie** [mí:ni] n. 심술쟁이, 쩨쩨한 사람
A meanie is used especially by children to describe someone who is unkind, unpleasant, or not generous.

복습 **stiff** [stif] a. 뻣뻣한; 결리는, 뻐근한; 경직된; ad. 몹시, 극심하게
Something that is stiff is firm or does not bend easily.

복습 **buzz** [bʌz] v. 윙윙거리다; 쌩 울리며 지나가다; 활기가 넘치다; n. 윙윙거리는 소리; 웅성거림
If something buzzes or buzzes somewhere, it makes a long continuous sound, like the noise a bee makes when it is flying.

복습 **crybaby** [kráibèibi] n. 울보
If you call a child a crybaby, you mean that the child cries a lot for no good reason.

squeal [skwi:l] v. 일러바치다, (경찰에) 밀고하다; 끼익 하는 소리를 내다; n. 끼익 하는 소리 (squealer n. 고자질쟁이, 밀고자)
A squealer is a person who informs on someone to the police or a person in authority.

복습 **twin** [twin] n. 쌍둥이 중의 한 명 a. 쌍둥이의; 한 쌍의, 많이 닮은
A twin is one of two children born at the same time to the same mother.

복습 **yell** [jel] v. 고함치다, 소리 지르다; n. 고함, 외침
If you yell, you shout loudly, usually because you are excited, angry, or in pain.

★★ **twist** [twist] v. (고개·몸 등을) 돌리다; 비틀다, 일그러지다; n. (고개·몸 등을) 돌리기
If you twist something, especially a part of your body, you change its position so that you face a different direction.

★★★ **fold** [fould] v. (두 손·팔 등을) 끼다; 접다, 접히다; n. 주름; 접힌 부분
If you fold your arms or hands, you bring them together and cross them.

복습 **lap** [læp] n. 무릎; v. 휘감다, 두르다; 겹치게 하다
If you have something on your lap when you are sitting down, it is on top of your legs that forms a flat surface.

복습 **peek** [pi:k] v. (재빨리) 훔쳐보다; 살짝 보이다; n. 엿보기
If you peek at something or someone, you have a quick look at them, often secretly.

복습 **whisper** [hwíspər] v. 속삭이다, 소곤거리다; n. 속삭임, 소곤거리는 소리
When you whisper, you say something very quietly, using your breath rather than your throat, so that only one person can hear you.

hang up idiom 전화를 끊다; ~을 중지하다
To hang up means to end a telephone conversation, often very suddenly.

★ **grown-up** [gròun-ʌ́p] n. 어른, 성인; a. 성숙한
A grown-up is an adult, used by or to children.

★ **tough** [tʌf] a. 힘든, 어려운; 냉정한; 강인한, 굳센
A tough way of life or period of time is difficult or full of suffering.

복습 **lift** [lift] v. 들어 올리다, 올라가다; n. 엘리베이터; (차 등을) 태워 주기
If you lift something, you move it to another position, especially upward.

복습 **settle** [setl] v. (논쟁 등을) 해결하다; 진정되다, 진정시키다; 자리를 잡다
If people settle an argument or problem, or if something settles it, they solve it.

복습 **snap** [snæp] v. 탁 소리 내다; (화난 목소리로) 딱딱거리다; 툭 하고 부러지다; n. 탁 하는 소리
If you snap your fingers, you make a sharp sound by moving your middle finger quickly across your thumb.

★ **giant** [dʒáiənt] a. 거대한, 엄청나게 큰; 비범한; n. 거인
Something that is described as giant is extremely large, strong, powerful, or important.

복습 **bend** [bend] v. (bent-bent) (몸·머리를) 굽히다, 숙이다; 구부리다; n. (도로·강의) 굽이, 굽은 곳
When you bend, you move the top part of your body downward and forward.

★★ **knee** [ni:] n. 무릎; v. 무릎으로 치다
Your knee is the place where your leg bends.

복습 **hug** [hʌg] v. 껴안다, 포옹하다; n. 포옹
When you hug someone, you put your arms around them and hold them tightly, for example because you like them or are pleased to see them.

복습 **tiptoe** [típtòu] n. (=tippy-toe) 발끝, 까치발; v. 발끝으로 (살금살금) 걷다
If you do something on tiptoe or on tiptoes, you do it standing or walking on the front part of your foot, without putting your heels on the ground.

복습 **jillion** [dʒíljən] n. 막대한 수
If you talk about a jillion people or things, you are emphasizing that there is an extremely large number of them.

squish [skwiʃ] v. 찌부러뜨리다, 으깨다
If something soft squishes or is squished, it is crushed out of shape when it is pressed.

★ **circulation** [sə̀:rkjuléiʃən] n. (혈액) 순환; 유통; 판매 부수
Your circulation is the movement of blood through your body.

squirm [skwə:rm] v. (몸을) 꼼지락대다; 몹시 당혹해 하다
If you squirm, you move your body from side to side, usually because you are nervous or uncomfortable.

복습 **all of a sudden** idiom 갑자기
If something happens all of a sudden, it happens quickly and unexpectedly.

yank [jæŋk] v. 홱 잡아당기다; n. 홱 잡아당기기
If you yank someone or something somewhere, you pull them there suddenly and with a lot of force.

복습 **frown** [fraun] v. 얼굴을 찡그리다; 눈살을 찌푸리다; n. 찡그림, 찌푸림
When someone frowns, their eyebrows become drawn together, because they are annoyed or puzzled.

복습 **tap** [tæp] v. (가볍게) 톡톡 두드리다; n. (가볍게) 두드리기
If you tap something, you hit it with a quick light blow or a series of quick light blows.

복습 **huffy** [hʌ́fi] a. 발끈 성내는, 홱 토라진
Someone who is huffy is obviously annoyed or offended about something.

복습 **eyebrow** [áibràu] n. 눈썹
Your eyebrows are the lines of hair which grow above your eyes.

★ **stare** [stɛər] v. 빤히 쳐다보다, 응시하다; n. 빤히 쳐다보기, 응시
If you stare at someone or something, you look at them for a long time.

복습 **invitation** [ìnvitéiʃən] n. 초대장; 초대, 초청
An invitation is the card or paper on which a request to come to an event is written or printed.

grumpy [grʌ́mpi] a. 심술이 난, 기분이 언짢은; 성격이 나쁜
If you say that someone is grumpy, you mean that they are bad-tempered and miserable.

복습 **shoulder** [ʃóuldər] n. 어깨; (옷의) 어깨 부분
Your shoulder is one of the two parts of your body between your neck and the top of your arms.

복습 **cross one's arms** idiom 팔짱을 끼다
When you cross your arms, you put one of your arms over the other in front of your body, so that each hand is on the opposite elbow.

★★★ **correct** [kərékt] v. 바로잡다, 정정하다; a. 맞는, 정확한
If you correct a problem, mistake, or fault, you do something which puts it right.

복습 **stomach** [stʌ́mək] n. 배, 복부, 위(胃)
You can refer to the front part of your body below your waist as your stomach.

flip flop [flíp flap] n. 공중제비; 끈을 발가락 사이로 끼워 신는 슬리퍼; v. (태도가) 돌변하다
A flip flop is an acrobatic spring backward from the feet to the hands and back to the feet.

복습 **snatch** [snæʧ] v. 잡아채다, 와락 붙잡다; 간신히 얻다; n. 잡아 뺏음, 강탈; 조각
If you snatch something or snatch at something, you take it or pull it away quickly.

zoom [zuːm] v. 쌩 하고 가다; 급등하다; n. (빠르게) 쌩 하고 지나가는 소리
If you zoom somewhere, you go there very quickly.

Chapter 8

1. What kind of present did Junie B.'s mother suggest for Jim?

A. A gift that was different

B. A gift that was useful

C. A gift that was beautiful

D. A gift that was normal

2. Why did Junie B.'s mother hesitate to buy the tool belt?

A. She did not think that it was safe.

B. She thought that Junie B. would want it for herself.

C. She thought that Jim would not know how to use it.

D. She thought that Jim already had one at home.

3. What did Junie B. do with the tool belt at home?

A. She pretended to do work.

B. She wrapped it in a gift box.

C. She broke one of the tools.

D. She fixed her teddy bear.

4. Why did Junie B. have to take a bath?

A. She always took a bath on Saturday.

B. She got dirty while she was playing.

C. She had not taken a bath in several days.

D. She needed to look nice for the party.

5. Why did Junie B. start to panic?

A. She could not find all the tools for the tool belt.

B. She wanted to keep the tool belt.

C. She was nervous about going to the party.

D. She had no idea what to wear to the party.

Check Your Reading Speed

1분에 몇 단어를 읽는지 리딩 속도를 측정해 보세요.

$$\frac{953 \text{ words}}{\text{reading time (} \quad \text{) sec}} \times 60 = (\quad) \text{ WPM}$$

Build Your Vocabulary

★★ **ruin** [rú:in] v. 엉망으로 만들다; 폐허로 만들다; n. 붕괴, 몰락; 파멸
To ruin something means to severely harm, damage, or spoil it.

★ **yawn** [jɔ:n] n. 하품; v. 하품하다
A yawn is an act of opening your mouth wide and taking a big breath, usually because you are tired or bored.

복습 **by oneself** idiom 혼자; 도움을 받지 않고
If you are by yourself, or all by yourself, you are alone.

★★★ **judge** [dʒʌdʒ] v. 판단하다; 심판을 보다; 짐작하다; n. 판사; 심판 (judgment n. 판단)
Judgment is the ability to make sensible guesses about a situation or sensible decisions about what to do.

복습 **cover** [kʌ́vər] n. (pl.) (침대) 커버, 이불; 덮개; v. 가리다; 덮다
The covers on your bed are the things such as sheets and blankets that you have on top of you.

★★ **unusual** [ənjú:ʒuəl] a. 특이한, 흔치 않은, 드문
If something is unusual, it does not happen very often or you do not see it or hear it very often.

greasy [grí:si] a. 기름투성이의, 기름이 많이 묻은
Something that is greasy has a thick, oily substance on it or in it.

grimy [gráimi] a. 때 묻은, 더러운
Something that is grimy is very dirty.

gopher [góufər] n. 땅다람쥐
A gopher is a small animal that looks somewhat like a rat and lives in holes in the ground.

gut [gʌt] n. (pl.) 내장; 소화관; 배; 직감; v. 내부를 파괴하다
A person's or animal's guts are all the organs inside them.

복습 **stuff** [stʌf] n. 것, 물건, 일; v. 채워 넣다; 쑤셔 넣다
You can use stuff to refer to things such as a substance, a collection of things, events, or ideas, or the contents of something in a general way without mentioning the thing itself by name.

★ **suck** [sʌk] v. (특정한 방향으로) 빨아들이다; (입에 넣고) 빨다; 빨아 먹다; n. 빨기, 빨아 먹기
If something sucks a liquid, gas, or object in a particular direction, it draws it there with a powerful force.

★ **cheek** [ʧiːk] n. 뺨, 볼; 엉덩이
Your cheeks are the sides of your face below your eyes.

복습 **toilet** [tɔ́ilit] n. 변기; 화장실
A toilet is a large bowl attached to a pipe that you sit on or stand over when you get rid of waste matter from your body.

★ **brush** [brʌʃ] n. 솔; 붓; v. 솔질을 하다; (솔이나 손으로) 털다 (toilet brush n. 변기용 청소 솔)
A toilet brush is a brush with a long handle that is used to clean the inside of a toilet.

복습 **pet** [pet] n. 반려동물; v. (다정하게) 어루만지다, 쓰다듬다
A pet is an animal that you keep in your home to give you company and pleasure.

choke chain [ʧóuk ʧèin] n. (쇠사슬로 된) 개 목걸이
A choke chain is a chain in the form of a loop, put around a dog's neck to prevent it from pulling on its leash.

복습 **tool** [tuːl] n. 도구, 연장; 수단
A tool is any instrument or simple piece of equipment that you hold in your hands and use to do a particular kind of work.

복습 **pop** [pap] v. 눈이 휘둥그레지다; 불쑥 나타나다; 펑 하는 소리가 나다; n. 펑 (하는 소리)
If you say your eyes pop or your eyes pop out of your head, they open very wide in surprise or excitement.

복습 **speedy** [spí:di] a. 빠른, 신속한
A speedy process, event, or action happens or is done very quickly.

★ **shelf** [ʃelf] n. 선반; 책꽂이, (책장의) 칸
A shelf is a flat piece of wood, metal, or glass which is attached to a wall or to the sides of a cupboard, used for keeping things on.

★ **hammer** [hǽmər] n. 망치, 해머; v. 망치로 치다; 쿵쿵 치다
A hammer is a tool that consists of a heavy piece of metal at the end of a handle. It is used, for example, to hit nails into a piece of wood or a wall, or to break things into pieces.

screwdriver [skrúdràivər] n. (나사못을 돌려서 빼거나 박는) 드라이버
A screwdriver is a tool that is used for turning screws.

plier [pláiər] n. (pl.) 집게, 펜치
Pliers are a tool with two handles at one end and two hard, flat, metal parts at the other. Pliers are used for holding or pulling out things such as nails, or for bending or cutting wire.

★ **flashlight** [flǽʃlàit] n. 손전등
A flashlight is a small electric light which gets its power from batteries and which you can carry in your hand.

복습 **pretend** [priténd] a. 모조의, 장난감의; v. ~인 척하다, ~인 것처럼 굴다; ~라고 가장하다
If you describe something as pretend, it is not real or is a nonfunctional imitation usually for the children to play with.

복습 **nail** [neil] n. 못; 손톱; v. 못으로 박다; ~을 완벽하게 하다
A nail is a thin pointed piece of metal that you use to attach one thing to another by hitting it with a hammer.

복습 **fit** [fit] v. (모양·크기가) 맞다; 적절하다; 어울리게 하다; a. 적합한, 알맞은; 건강한
If something fits, it is the right size and shape to go onto a person's body or onto a particular object.

★ **bet** [bet] v. (~이) 틀림없다; (내기 등에) 돈을 걸다; n. 짐작, 추측; 내기
You use expressions such as 'I bet,' 'I'll bet,' and 'you can bet' to indicate that you are sure something is true.

★ **fasten** [fæsn] v. 매다, 채우다; (단단히) 잠그다; 고정시키다
To fasten means to close something such as a piece of clothing or a bag using the buttons, zipper, or clip on it.

give in idiom 항복하다; 동의하다
If you give in, you stop competing or arguing and accept that you cannot win.

복습 **all the way** idiom 내내, 시종; 완전히
If you do something all the way somewhere, you do it during the whole journey or period of time.

복습 **zoom** [zu:m] v. 쌩 하고 가다; 급등하다; n. (빠르게) 쌩 하고 지나가는 소리
If you zoom somewhere, you go there very quickly.

복습 **odd** [ad] a. 임시의, 이따금의; 이상한, 특이한; 홀수의 (odd jobs n. 허드렛일, 잡역)
Odd jobs are various small jobs that have to be done in someone's home, such as cleaning or repairing things.

★ **thrill** [θril] v. 열광시키다, 정말 신나게 하다 n. 흥분, 설렘; 전율 (thrilled a. 아주 신이 난)
If someone is thrilled, they are extremely pleased about something.

복습 **tap** [tæp] v. (가볍게) 톡톡 두드리다; n. (가볍게) 두드리기
If you tap something, you hit it with a quick light blow or a series of quick light blows.

★★ **screw** [skru:] v. 돌려서 소이다; 나사로 고정시키다; n. 나사
If you screw something somewhere or if it screws somewhere, you fix it in place by means of a screw or screws.

복습 **twist** [twist] v. 비틀다, 일그러지다; (고개·몸 등을) 돌리다; n. (고개·몸 등을) 돌리기
If you twist something, you turn it so that it moves around in a circular direction.

복습 **pat** [pæt] v. 쓰다듬다, 토닥거리다; n. 쓰다듬기, 토닥거리기
If you pat something or someone, you tap them lightly, usually with your hand held flat.

★ **breathe** [bri:ð] v. 숨을 쉬다, 호흡하다; 숨을 돌리다; 살아 있다
When people or animals breathe, they take air into their lungs and let it out again.

복습 **holler** [hálər] v. 소리 지르다, 고함치다; n. 고함, 외침
If you holler, you shout loudly.

복습 **frown** [fraun] n. 찡그림, 찌푸림; v. 얼굴을 찡그리다; 눈살을 찌푸리다
A frown is an expression on your face when you move your eyebrows together because you are angry, unhappy, or confused.

mixed up idiom 혼동하는
If you are mixed up, you are temporarily confused.

복습 **on account of** idiom ~ 때문에
You use on account of to introduce the reason or explanation for something.

★ **curl** [kə:rl] v. 곱슬곱슬하게 만들다, 곱슬곱슬하다; 돌돌 감기다; n. 곱슬곱슬한 머리카락
If your hair curls or if you curl it, your hair is in the form of tight curves and spirals.

make sense idiom 타당하다; 이해가 되다; 이해하기 쉽다
If a course of action makes sense, it seems sensible.

★ **period** [pí:əriəd] int. 끝, 이상이다; n. 기간, 시기; 시대; 끝
You can say 'period' at the end of a statement to show that you believe you have said all there is to say on a subject and you are not going to discuss it any more.

★★ **discuss** [diskʌ́s] v. 의견을 나누다, 논의하다; (말·글 등으로) 논하다 (discussion n. 논의)
If there is discussion about something, people talk about it, often in order to reach a decision.

★ **tub** [tʌb] n. 목욕통, 욕조; 통
A tub or a bathtub is a long, usually rectangular container that you fill with water and sit in to wash your body.

glum [glʌm] a. 침울한
Someone who is glum is sad and quiet because they are disappointed or unhappy about something.

복습 **entire** [intáiər] a. 전체의, 완전한, 온전한
You use entire when you want to emphasize that you are referring to the whole of something, for example, the whole of a place, time, or population.

복습 **wrap** [ræp] v. 포장하다; 둘러싸다; (무엇의 둘레를) 두르다; n. 포장지; 랩
When you wrap something, you fold paper or cloth tightly around it to cover it completely, for example when you are giving it as a present.

★ **pump** [pʌmp] v. 빠르게 움직이다, 흔들다; (펌프로) 퍼내다; n. 펌프, 심장
If something pumps, it moves quickly up and down or in and out.

복습 **dumb** [dʌm] a. 멍청한, 바보 같은; 말을 못 하는
If you say that something is dumb, you think that it is silly and annoying.

★ **scream** [skriːm] v. 비명을 지르다, 괴성을 지르다; n. 비명, 절규
When someone screams, they make a very loud, high-pitched cry, because they are in pain or are very frightened.

복습 **all of a sudden** idiom 갑자기
If something happens all of a sudden, it happens quickly and unexpectedly.

복습 **grab** [græb] v. (와락·단단히) 붙잡다; 급히 ~하다; n. 와락 잡아채려고 함
If you grab someone or something, you take or hold them with your hand suddenly, firmly, or roughly.

Chapter 9

1. What did Junie B.'s mother say when she was mad?

A. Junie B. was ruining the house with the tools.

B. Junie B. was making too much noise with the tools.

C. Junie B. was not allowed to use real tools.

D. Junie B. should learn how to use real tools.

2. Why did Junie B. try to nail her door shut?

A. Her door needed to be fixed.

B. Her day kept getting worse.

C. She was trying to be helpful.

D. She wanted to show that she could use tools.

3. According to Junie B.'s parents, what was good about being the *only one*?

A. Junie B. would not have to clean her room.

B. Junie B. would not have to share her toys.

C. Junie B. would not have to give Jim a present.

D. Junie B. would not have to see her friends.

4. What did Junie B. do before she visited her grandpa?

A. She called him and asked if he still wanted help.

B. She told Jim that she could not go to his party.

C. She agreed to take a bath that night.

D. She returned the tool belt to the store.

5. What was great about Junie B's visiting her grandpa?

A. She got to do something different from her classmates.

B. She got to teach her grandpa how to flush a toilet.

C. She did not need any tools to work on the house.

D. She did not have to follow her parents' rules.

Check Your Reading Speed

1분에 몇 단어를 읽는지 리딩 속도를 측정해 보세요.

$$\frac{947 \text{ words}}{\text{reading time (\qquad) sec}} \times 60 = (\qquad) \text{ WPM}$$

Build Your Vocabulary

복습 **pretend** [priténd] a. 모조의, 장난감의; v. ~인 척하다, ~인 것처럼 굴다; ~라고 가장하다
If you describe something as pretend, it is not real or is a nonfunctional imitation usually for the children to play with.

복습 **nail** [neil] n. 못; 손톱; v. 못으로 박다; ~을 완벽하게 하다
A nail is a thin pointed piece of metal that you use to attach one thing to another by hitting it with a hammer.

★ **apparent** [əpǽrənt] a. ~인 것처럼 보이는; 분명한 (apparently ad. 보기에)
You use apparently when something seems clear or obvious, according to appearances.

bulge [bʌldʒ] v. 툭 튀어 나오다; 가득 차다, 불룩하다; n. 툭 튀어 나온 것, 불룩한 것
If someone's eyes or veins are bulging, they seem to stick out a lot, often because the person is making a strong physical effort or is experiencing a strong emotion.

복습 **hammer** [hǽmər] v. 망치로 치다; 쿵쿵 치다; n. 망치, 해머
If you hammer an object such as a nail, you hit it with a hammer.

복습 **yell** [jel] v. 고함치다, 소리 지르다; n. 고함, 외침
If you yell, you shout loudly, usually because you are excited, angry, or in pain.

★ **growl** [graul] v. 으르렁거리듯 말하다; 으르렁거리다; n. 으르렁거리는 소리
If someone growls something, they say something in a low, rough, and angry voice.

★ **steam** [stiːm] n. 김, 증기; 추진력; v. 김을 내뿜다; 화내다, 발끈하다
Steam is the hot mist that forms when water boils.

복습 **tool** [tuːl] n. 도구, 연장; 수단
A tool is any instrument or simple piece of equipment that you hold in your hands and use to do a particular kind of work.

복습 **grown-up** [gròun-ʌ́p] a. 성숙한; n. 어른, 성인
Someone who is grown-up is physically and mentally mature and no longer depends on their parents or another adult.

grouch [grauʧ] v. 불평하다; 토라지다; n. 불평; 불평꾼
To grouch means to complain a lot, often without good reason.

★ **pressure** [préʃər] n. 스트레스; 압박; 압력; v. 강요하다; 압력을 가하다
Pressure is a worried feeling that you get when you have to deal with a difficult or complicated situation.

복습 **ruin** [rúːin] v. 엉망으로 만들다; 폐허로 만들다; n. 붕괴, 몰락; 파멸
To ruin something means to severely harm, damage, or spoil it.

복습 **entire** [intáiər] a. 전체의, 완전한, 온전한
You use entire when you want to emphasize that you are referring to the whole of something, for example, the whole of a place, time, or population.

복습 **meanie** [míːni] n. 심술쟁이, 쩨쩨한 사람
A meanie is used especially by children to describe someone who is unkind, unpleasant, or not generous.

★ **deal** [diːl] n. 거래, 합의; 대우, 처리; v. 거래하다, 처리하다
A deal is an informal arrangement that you have with someone that gives you advantages or disadvantages.

복습 **wipe** [waip] v. (먼지·물기 등을) 닦다; 지우다; n. 닦기
If you wipe dirt or liquid from something, you remove it, for example by using a cloth or your hand.

★ **sleeve** [sli:v] n. (옷의) 소매, 소맷자락
The sleeves of a coat, shirt, or other item of clothing are the parts that cover your arms.

복습 **instead** [instéd] ad. 대신에
If you do one thing instead of another, you do the first thing and not the second thing, as the result of a choice or a change of behavior.

복습 **snap** [snæp] v. (화난 목소리로) 딱딱거리다; 탁 소리 내다; 툭 하고 부러지다; n. 탁 하는 소리
If someone snaps at you, they speak to you in a sharp, unfriendly way.

복습 **shoulder** [ʃóuldər] n. 어깨; (옷의) 어깨 부분
Your shoulder is one of the two parts of your body between your neck and the top of your arms.

복습 **ruffle** [rʌfl] v. 헝클다; (마음을) 산란하게 하다; n. 주름 장식
If you ruffle someone's hair, you move your hand backward and forward through it as a way of showing your affection toward them.

복습 **toilet** [tɔ́ilit] n. 변기; 화장실
A toilet is a large bowl attached to a pipe that you sit on or stand over when you get rid of waste matter from your body.

복습 **float** [flout] v. (물에) 뜨다; (물 위나 공중에서) 떠가다; n. 부표
Something that floats lies on or just below the surface of a liquid when it is put in it and does not sink.

make a face idiom 얼굴을 찌푸리다, 침울한 표정을 짓다
If you make a face, you twist your face to indicate a certain mental or emotional state.

복습 **brush** [brʌʃ] n. 솔; 붓; v. 솔질을 하다; (솔이나 손으로) 털다 (toilet brush n. 변기용 청소 솔)
A toilet brush is a brush with a long handle that is used to clean the inside of a toilet.

twirl [twə:rl] v. 빙글빙글 돌리다, 빙글빙글 돌다; 빙빙 돌리다; n. 회전
If you twirl something or if it twirls, it turns around and around with a smooth, fairly fast movement.

복습 **upstairs** [ʌ̀pstέərz] ad. 위층으로; 위층에; a. 위층의; n. 위층
If you go upstairs in a building, you go up a staircase toward a higher floor.

복습 **lid** [lid] n. 뚜껑
A lid is the top of a box or other container which can be removed or raised when you want to open the container.

복습 **flush** [flʌʃ] v. (변기의) 물을 내리다; (얼굴이) 붉어지다; n. 홍조
When someone flushes a toilet after using it, they fill the toilet bowl with water in order to clean it, usually by pressing a handle or pulling a chain.

★ **confuse** [kənfjúːz] v. (사람을) 혼란시키다; 혼동하다 (confused a. 혼란스러운)
If you are confused, you do not know exactly what is happening or what to do.

복습 **hug** [hʌg] v. 껴안다, 포옹하다; n. 포옹
When you hug someone, you put your arms around them and hold them tightly, for example because you like them or are pleased to see them.

복습 **lap** [læp] n. 무릎; v. 휘감다, 두르다; 겹치게 하다
If you have something on your lap when you are sitting down, it is on top of your legs that forms a flat surface.

복습 **whisper** [hwíspər] v. 속삭이다, 소곤거리다; n. 속삭임, 소곤거리는 소리
When you whisper, you say something very quietly, using your breath rather than your throat, so that only one person can hear you.

1장 케이크 먹기

내 이름은 주니 B. 존스(Junie B. Jones) 입니다. B는 비어트리스(Beatrice)를 나타냅니다. 하지만 나는 비어트리스라는 이름을 좋아하지 않습니다. 나는 그냥 B를 좋아할 뿐이고 그게 다입니다.

B는 내가 가장 제일 좋아하는 글자입니다. 왜냐하면 내가 가장 좋아하는 음식이 그 글자로 시작하기 때문입니다.

그것의 이름은 생일 케이크(birthday cake)입니다.

우리는 오늘 학교에서 그 맛있는 것을 먹었습니다.

왜냐하면 폴리 앨런 푸퍼(Paulie Allen Puffer)가 6살이 되었기 때문입니다. 그리고 그의 엄마가 초콜릿 케이크와 초콜릿 아이스크림과 초콜릿 우유를 9반(Room Nine)으로 가져왔습니다.

그녀는 초콜릿 광팬인 것 같습니다, 내 생각에는요.

그 파티는 아주 재미있었습니다.

그런데 폴리 앨런 푸퍼는 완전히 흥분했습니다. 그리고 그는 그의 머리 위에 케이크를 얹었습니다. 그리고 그런 다음 그는 우유가 그의 코로 나올 때까지 웃었습니다.

"저게 바로 코로 나온 우유야." 나는 루실(Lucille)이란 이름의 나의 가장 친한 친구에게 말했습니다.

루실은 꼬마 숙녀입니다.

"웩." 그녀가 말했습니다. "나는 내가 저 코로 나온 우유를 아예 안 봤으면 좋겠어. 왜냐면('cause) 지금 내 속이 안 좋거든. 그리고 나는 남은 내 케이크를 못 먹겠어."

"나도 그래." 내가 말했습니다. "마찬가지로, 나도 이제 남은 내 케이크를 못 먹겠어. 그리고 그래서 나는 우리를 위해 우리의 케이크를 둘 다 쓰레기통에 버릴 거야."

그러고 나서 나는 우리의 케이크를 집어 들었습니다. 그리고 나는 서둘러 쓰레기통으로 갔습니다.

나는 내 주변을 아주 유심히 둘러보았습니다.

그 후 나는 쓰레기통 뒤에 재빨리 숨었습니다.

그리고 나는 그 두 개의 케이크를 모두 곧장 내 입 속으로 쑤셔 넣었습니다.

나는 정말 행복하게 내 배를 문질렀습니다.

"이제 내가 필요한 건 케이크를 내려보낼 약간의 우유뿐이야." 내가 말했습니다.

바로 그때 나는 탁자 위에 우유가 조금 놓여 있는 것을 보았습니다. 그것만

덩그러니 있었지요.

나는 그것을 집어 들었습니다. 그리고 우유를 모두 마셔 버렸습니다.

"으음." 내가 말했습니다. "바로 이 맛이야!"

바로 그때, 나는 어떤 목소리를 들었습니다.

"주니 B. 존스? 너 왜 네 자리에 없니?"

그것은 나의 선생님이었습니다.

그녀의 이름은 선생님(Mrs.)입니다.

마찬가지로, 그녀에게는 또 다른 이름이 있습니다. 하지만 나는 그냥 선생님이라는 이름을 좋아할 뿐이고 그게 다입니다.

선생님은 아주 예리한 눈을 가지고 있습니다.

"너 거기서 뭐 하고 있는 거니?" 그녀가 나에게 물었습니다.

"저는 사람들의 케이크와 우유를 나눠 먹고 있어요." 나는 설명했습니다. "그 사람들이 사실 여기에 지금 같이 있지는 않지만요."

선생님은 그녀의 눈을 머리 뒤쪽으로 멀리 굴렸습니다.

나는 매우 다정하게 미소 지었습니다.

"그거 아세요? 내가 *내* 생일 파티를 할 때, 나도 케이크와 우유를 가지고 올 거예요, 마찬가지로 말이죠." 내가 말했습니다. "그리고 또, 나는 삶은 콩 통조림 캐서롤(casserole)을 가져올 수도 있어요. 왜냐면 내 생각에, 그건 괜찮은 기분 전환이 될 테니까요."

바로 그때, 나는 폴리 앨런 푸퍼의 엄마에게로 깡충깡충 뛰어갔습니다.

"훌륭한 케이크였어요, 아주머니. 주*방짱(chief)*이 되시는 분께 찬사를 보내요." 내가 말했습니다.

그러고 나서 나와 그녀는 하이 파이브를 했습니다. 그런데 그녀는 사실 그녀의 손을 내밀지 않았습니다. 그리고 그래서 나는 그녀의 팔을 그냥 찰싹 쳤습니다.

그 후, 나는 내 자리로 깡충깡충 돌아갔습니다.

루실은 그녀의 초콜릿 아이스크림을 거의 다 먹어 가는 중이었습니다.

그녀의 입술에는 초콜릿 콧수염이 났습니다.

나는 그녀를 향해 얼굴을 찌푸렸습니다.

"루실, 나 너한테 놀랐어." 내가 말했습니다. "너는 그 아이스크림을 꼬마 숙녀처럼 먹고 있지 않잖아. 그리고 그러니까 내가 너에게 시범을 보여 줄게."

그런 다음 나는 재빨리 내 숟가락을 루실의 아이스크림에 푹 꽂았습니다.

"보여?" 내가 말했습니다. "내가 이걸 얼마나 얌전히 떠먹는지 보여?"

하지만 바로 그때, 조심스럽게 뜬 초콜릿 아이스크림 한 입이 내 숟가락에서 미끄러져 떨어졌습니다. 그리고 그것은 루실의 무릎으로 툭 하고 떨어졌습니다.

그녀는 그녀의 의자에서 벌떡 일어났습니다.

"안 돼!" 그녀가 소리쳤습니다. "자 네가 한 짓을 봐! 네가 아이스크림을 나의 새 원피스에 흘렸어! 그리고 우리 할머니는 이 원피스를 뉴욕시에서 내게 이제 막 가져다줬고! 그리고 이건 95달러에 세금은 별도였어!"

선생님은 나의 책상으로 서둘러 왔습니다. 그녀는 루실의 원피스를 닦을 젖은 스펀지를 가지고 있었습니다.

"아니! 안 돼요!" 루실이 말했습니다. "이 원피스에 물을 묻히면 안 돼요! 왜냐면 이 원피스는 새틴(satin)으로 만들어졌거든요! 그리고 새틴은 드라이클리닝만 된다고요!"

선생님은 나를 화난 눈초리로 보았습니다.

나는 침을 꿀꺽 삼켰습니다.

"누가 알았겠어요?" 나는 아주 작은 소리로 말했습니다.

그 후 나는 내 책상 위에 머리를 대고 엎드렸습니다.

그리고 나는 내 팔로 완전히 가렸습니다.

왜냐면 그것은 얌전히 있기라고 불리기 때문입니다.

그리고 얌전히 있기는 여러분이 무엇이 여러분에게 좋은지 알면 하는 행동입니다.

2장 짐(Jim) 그 녀석의 머리를 톡톡 치기

파티가 끝난 후, 나와 나의 가장 친한 다른 친구는 집으로 가는 버스에 탔습니다.

그녀의 이름은 그레이스(Grace)입니다.

나와 그 그레이스는 번갈아 가며 창가에 앉습니다.

그것은 우리에게 공평한 놀이인 것 같습니다, 내 생각에는요.

가끔 우리가 누구의 차례인지 잊어버릴 때만 빼면 말이에요.

그러면 우리는 주먹으로 그 문제를 해결해야 합니다.

이번에는, 그 그레이스가 창가에 앉을 차례였습니다.

"그거 알아? 나는 오늘 네가 거기에 앉는다고 해도 전혀 상관없어." 내가 그녀에게 말했습니다. "왜냐면 케이크를 다 먹어서 내가 행복해졌거든."

그 그레이스는 미소 지었습니다.

"나도 그래." 그녀가 말했습니다. "케이크를 먹어서 나도 행복해졌어, 너처럼."

"좋아, 그런데 너는 나만큼 행복할 순 없지." 내가 설명했습니다. "왜냐면 나는 케이크를 두 개 먹었거든. 그리고 넌 하나만 먹었고."

그 그레이스는 얼굴을 찌푸렸습니다.

"괜찮아, 그레이스. 속상해하지 마." 내가 말했습니다. "왜냐면 내 생일이 되면, 내가 너를 우리 집으로 초대할 거니까 말이야. 그리고 너도 마찬가지로, 케이크 두 개를 먹을 수 있어."

"세상에!" 그녀가 말했습니다.

"나도 그게 *세상에*라고 할 만하다는 걸 알아." 나는 대답했습니다. "그리고 또, 너는 안에 엠앤엠즈(M&M's) 초콜릿이 든 너만의 종이컵도 갖게 될 거야."

"우와! 음! 나 엠앤엠즈 *정말 좋아해.*" 그 그레이스가 말했습니다.

"나도야. 나도, 엠앤엠즈를 정말 좋아해." 내가 말했습니다. "왜냐하면 그 초콜릿은 네 손 위에서 녹지 않거든. 단지 색깔들만 네 손에서 녹을 뿐이고 그게 다야."

나는 아주 크게 미소 지었습니다.

"그리고 여기 또 *하나* 좋은 게 있어, 그레이스. 네가 나의 파티에 오면, 너는 너만의 파티 모자를 갖게 될 거야. 그리고 우리는 트위스터(Twister) 게임을 할 거야. 그리고 또, 우리는 네가 빙고(Bingo)라고 외치는 그 게임도 할 거야. 그런데 나는 그 게임의 이름을 계속해서 잊어버려."

바로 그때, 짐이라는 이름의 못된 녀석이 그의 자리에서 벌떡 일어났습니다.

"빙고, 멍청아!" 그가 소리쳤습니다. "그 게임의 이름이 빙고야! 완전 바보 멍청이네! 어느 누가 네 파티처럼 멍청한 파티에 가고 싶어 하겠어?"

그는 자기 목소리를 아주 크게 냈습니다. 그래서 모두가 들을 수 있도록 말이죠.

"*내* 집에서 나는 *멋진* 생일 파티를 할 거야." 그가 말했습니다. "파티 이름이 광대와 놀기(Clowning Around)였던 작년처럼 말이야. 그리고 우리에게는 서커스단에서 온 두 명의 광대가 있었어. 그리고 그 광대들은 동물 모양 풍선을 만들어 줬고 마술도 부렸었지."

나는 그의 얼굴 쪽으로 아주 가까이 몸을 기울였습니다.

"그래서?" 내가 말했습니다. "나는 심지어 광대를 *좋아하지*도 않아. 광대는 정상적인 사람이 아니잖아. 또 바로 나만의 프랭크 밀러 할아버지(grampa Frank Miller)도 동물 모양의 풍선을 만들 수 있어, 마찬가지로 말이지. 그

풍선들은 전부 다리가 짧은 닥스훈트 처럼 생겼지만 말이야. 하지만 할아버지는 노력하고 있어."

짐 그 녀석은 내 이야기를 듣고 있지도 않았습니다. 그는 그저 계속해서 자신의 파티에 대해 이야기할 뿐이었습니다.

"올해 내 파티의 이름은 맥도널드 할아버지의 농장(Old MacDonald's Farm)이야. 그리고 진짜 농부가 바로 우리 집 앞마당으로 동물 체험 농장(petting zoo)을 가져올 거야. 그리고 그는 새끼 양, 그리고 염소, 그리고 작은 당나귀, 그리고 토끼 몇 마리를 데리고 올 거야! 그리고 그는 또 우리가 탈 수 있는 진짜로, 살아 있는 조랑말을 데려올 거라고!"

나는 내 허리에 나의 두 손을 올렸습니다.

"응, 글쎄, 너에겐 참 안타까운 일이네." 내가 말했습니다. "왜냐면 나는 TV에서 조랑말에 관해 전부 봤거든. 그리고 조랑말은 너를 자기 등에서 내동댕이쳐. 그리고 그런 다음 조랑말은 너를 땅속으로 쿵쿵 짓밟고 너를 죽이지. 그리고 그래서 나는 네 바보 멍청이 같은 파티에 앞으로 수십억 년 동안 가지도 않을 거야."

"좋아!" 짐 그 녀석이 소리쳤습니다. "다행이네! 왜냐면 내 생일은 이번 주 토요일이거든! 그리고 내일 나는 9반 한 명 한 명에게 줄 초대장을 가져올 거야! 그런데 너에겐 안 줄 거고! 너는 우리 반 전체에서 내가 초대장을 주지 않을 *유일한 사람*이야! 두고 봐!"

그러고 나서 그는 바로 내 얼굴에 대고 크게 하!라고 했습니다.

그리고 그는 그의 자리로 돌아가 앉았습니다.

그러는 동안, 나는 그냥 거기에 계속해서 서 있고 또 서 있었습니다.

왜냐면 지금 무언가 살짝 잘못되어 버린 것 같았거든요, 내 생각에는요.

나는 그의 머리를 톡톡 쳤습니다.

"좋아, 그런데 그게 말이야." 내가 말했습니다. "나는 사실 네가 토요일에 파티를 한다는 걸 몰랐어. 그리고 그래서, 좋은 소식은. . . 내 생각에 나도 갈 수 있을 것 같다는 거야."

"안 돼!" 그 못된 녀석이 소리쳤습니다. "넌 못 와! 이제 저리 가!"

나는 그를 다시 톡톡 쳤습니다.

"좋아, 하지만 나는 조랑말에 관해서는 그냥 농담한 거야." 내가 말했습니다. "조랑말들이 너를 짓밟는 일은 거의 없을 거야, 아마도."

"난 관심 없어! 귀찮게 굴지 마!" 그는 소리 질렀습니다.

나는 까치발로 서서 그의 머리를 바라보았습니다.

"오늘 네 머리 멋지다." 내가 말했습니다.

짐 그 녀석이 나를 찰싹 쳤습니다.

"나한테서 떨어지라니까!" 그가 소리질렀습니다. "너는 내 파티에 올 수 없어! 그리고 그게 끝이야!"

바로 그때, 내 목에서 울컥하는 느낌이 들었습니다. 울컥하는 것은 울기 직전에 오는 것입니다.

그것은 삼키기가 힘들었습니다.

나는 앉아서 나의 스웨터로 얼굴을 가렸습니다.

"이런." 내가 말했습니다. "왜냐면 내 생각에 나는 그 파티에서 정말로 즐거운 시간을 보냈을 것 같았거든."

그때 그레이스라는 이름의 나의 가장 친한 친구가 자신의 팔로 나를 감싸 안았습니다.

그리고 그녀는 나를 정말 상냥하게 토닥였습니다.

그리고 그녀는 나를 창가에 앉게 해주었습니다.

3장 아주 축 처진 기분

나는 버스 정류장에서 집까지 아주 축 처진 채로 걸어갔습니다.

아주 축 처지는 것은 여러분의 어깨가 슬플 때를 말합니다. 그리고 여러분은 고개를 그렇게 잘 들고 있을 수 없죠.

밀러 할머니(Grandma Miller)는 아기방에 있었습니다.

그녀는 오후에 나와 나의 남동생을 돌봅니다.

그의 이름은 올리(Ollie)입니다.

나는 그를 정말 많이 좋아합니다. 하지만 나는 그가 나의 진짜 집에는 살지 않았으면 좋겠습니다.

밀러 할머니는 그를 흔들의자에 태우고 흔들고 있었습니다.

똑같이, 나도 거기에 올라가려고 했습니다, 그런데 할머니는 "가만히 좀 있으렴"이라고 내게 말했습니다.

"알겠어요, 그렇지만 나는 정말 진심으로 흔들의자에 앉아야 해요." 내가 설명했습니다. "왜냐하면 어떤 못된 녀석이 토요일에 생일 파티를 열거든요. 그리고 그 애는 9반에 있는 모두를 초대할 거예요. 나만 쏙 빼고요. 나는 파티에 가지 못하는 *유일한 사람*이에요."

밀러 할머니는 슬픈 표정을 지었습니다.

"아이들도 꽤나 잔인할 때가 있지." 그녀가 말했습니다. "내가 아기를 재울 때까지 일단 기다리렴. 그리고 그런 다음 너와 내가 그것에 대해 얘기를 해 보자. 알았지?"

그리고 그래서 결국 나는 팔짱을 끼

게 되었습니다.

그리고 나는 내 발을 툭툭 굴렀습니다.

그리고 나는 그 아기가 잠들 때까지 기다리고 또 기다렸습니다. 하지만 그의 눈은 계속해서 커다랗게 뜬 그대로 있었습니다.

"손가락으로 눈 좀 감겨 봐요, 할머니." 내가 할머니에게 말했습니다.

"맙소사, 그러면 안 되지!" 그녀가 말했습니다.

그러고 나서 그녀는 계속해서 그를 흔들었습니다.

그리고 그래서 결국 나는 기다리는 것에 싫증이 났습니다. 그리고 나는 내 방으로 갔습니다. 그리고 나는 나의 이불 밑으로 기어 들어갔습니다.

나는 나의 침대보 아래까지 쭉 기어 들어갔습니다.

그 아래는 아주 조용합니다.

여러분은 못된 말을 해도 됩니다.

그리고 아무도 여러분의 말을 들을 수 없지요.

"이제 내가 싫어하는 것을 모두 얘기할 거야." 내가 말했습니다. "첫째로, 나는 그 못된 짐 녀석을 싫어해. 그다음 나는 광대가 싫어. 그리고 농부가 있는 맥도널드 할아버지도. 또 나는 토끼가 싫어. 그리고 작은 당나귀도. 그리고 조랑말도."

"그리고 또 맞혀 볼래? 우리는 사실 이 집에 아기가 필요하지 않았어. 그런데 아무도 내게 상의조차 하지 않았어."

바로 그때, 나는 내 방문을 두드리는 소리를 들었습니다.

"주니 B.? 할머니란다, 얘야. 올리가 마침내 잠들었단다."

그녀는 들어와서 내 이불을 들추었습니다.

"내가 네 엄마에게 전화해서 학교에서 무슨 일이 있었는지 말했단다." 그녀가 말했습니다.

나는 그녀를 살짝 훔쳐보았습니다.

"그리고 그래서 엄마가 그 문제를 해결해 줄 수 있대요?" 내가 물었습니다. "이제 나도 생일 파티에 갈 수 있는 거예요?"

밀러 할머니는 나를 향해 그녀의 팔을 뻗었습니다.

그녀는 나를 이불 밖으로 끌어냈습니다.

"너희 엄마가 집에 와서 이 문제에 관해 너와 이야기할 거야." 그녀가 말했습니다. "그동안에, 너와 내가 잠깐 재미있게 놀면 어떨까. 우리 책 읽자, 알겠지? 주니 B.는 어떤 종류의 이야기를 듣고 싶니?"

나는 생각하고 또 생각했습니다.

"나는 어떤 못된 녀석의 생일에 초대

받지 못한 한 여자아이에 관한 이야기를 듣고 싶어요. 그리고 그래서 그녀는 그의 집에 살금살금 몰래 들어가죠. 그리고 그녀는 야생 조랑말을 헛간에서 풀어 줘요. 그리고 그런 다음 그 조랑말은 그 녀석을 납작한 팬케이크가 되도록 쿵쿵 짓밟아요. 그리고 아이들 모두가 그 녀석한테 메이플 시럽을 부어요. 그리고 그 애들은 그 녀석을 아침으로 먹는 거예요."

밀러 할머니는 약간 메스꺼워 보였습니다.

"너는 그 남자아이의 파티에 대해 걱정하는 것은 그만두는 게 좋겠구나. 염소를 가져간다는 말처럼 그 애는 그냥 너를 약 올리려는 거야." 그녀가 말했습니다.

바로 그때, 나의 두 눈이 그녀를 향해 휘둥그레졌습니다.

"염소요? 어떤 염소요, 할머니? 나한테 염소가 있어요? 그거 깜짝 선물용 염소인가요? 할머니가 그걸 할머니 집에 비밀로 숨겨 둔 거예요?"

나는 벌떡 일어나서 그녀의 손을 끌어당겼습니다.

"같이 가서 염소를 데려와요! 그럴 거죠, 할머니? 우리 지금 당장 내 염소를 데리러 가요!"

바로 그때, 멋진 생각이 내 머릿속에 떠올랐습니다.

"저기요! 내가 방금 무언가 생각해 냈어요, 할머니! 할머니랑 내가 우리 집으로 내 염소를 데리고 오는 거예요! 그리고 그러면 나는 토요일에 바로 나만의 생일 파티를 할 수 있겠죠!"

"나는 그 파티를 '와서 내 염소를 만져요(Come and Pet My Goat)'라고 부를 거예요! 그리고 9반 아이들 모두가 *나의* 파티에 오겠죠! 그리고 걔네들은 그 못된 짐 녀석의 파티에 가지 않을 거예요!"

갑자기, 현관문이 열렸습니다.

엄마였습니다!

나는 그녀에게로 아주 재빨리 달려갔습니다.

"엄마! 엄마! 그거 알아요? 맞혀 볼래요? 나랑 밀러 할머니는 내 염소를 데리러 갈 거예요! 그리고 나는 토요일에 바로 나만의 생일 파티를 열 거예요! 그리고 9반 모두가 초대받을 거예요. 내가 싫어하는 짐 그 녀석은 빼고요! 그는 파티에 오지 못하는 *유일한 사람*이에요. 그 녀석 참 쌤통이죠!"

바로 그때, 밀러 할머니가 그녀의 스웨터를 챙겨서 현관문을 살금살금 빠져나갔습니다.

나는 엄마의 팔을 잡아당겼습니다.

"어서요, 엄마! 서둘러요!" 내가 말했습니다. "우리는 가게에 가서 내 초대장을 사야 해요! 그리고 또, 우리는 삶은 콩 통조림도 사야 하고요!"

엄마는 서두르지 않았습니다.

그녀는 소파 위에 앉았습니다. 그리고 내 머리를 쓰다듬었습니다.

"내 말 좀 들어 보렴, 주니 B." 그녀가 말했습니다. "엄마는 짐이 오늘 네 기분을 상하게 했다는 걸 알아. 그렇지만 너는 토요일에 네 생일 파티를 할 수는 없어. 네 생일은 6월은 되어야 하잖니, 기억하지? 그리고 6월은 아직 몇 달이나 남았어."

"나도 6월이 몇 달이나 남은 걸 알아요." 내가 말했습니다. "그리고 그러니까 그래서 내가 나의 생일을 더 일찍으로 옮기는 거죠. 왜냐면 몇 달 뒤는 너무 늦을 테니까요."

엄마는 나를 들어올려 자신의 무릎 위에 나를 앉혔습니다.

"엄마 생각에 네가 이해를 못 한 것 같구나, 얘야." 그녀가 말했습니다. "너는 네가 태어난 날을 마음대로 *바꿀* 수 없어. 누구라도 그럴 수 없지. 그건 불가능한 거야."

나는 내 목소리를 아주 속삭이듯 냈습니다.

"알아요, 그렇지만 여기 작은 비밀이 하나 있어요. . . 9반의 어느 누구도 내 생일이 언제인지 모른다는 거예요. 그래서 내 생각엔 우리가 감쪽같이 해낼 수 있을 것 같아요."

엄마는 살짝 미소 지었습니다. 그녀는 내 머리를 헝클었습니다.

"유감이구나, 얘야. 그렇게는 안 돼." 그녀가 말했습니다.

"돼요!" 내가 소리쳤습니다. "그렇게 할 수 있어요! 왜냐면 나는 토요일에 내 생일 파티를 *열어야만* 하니까요! 그렇지 않으면 나는 그 못된 짐 녀석의 파티에 가지 않는 *유일한 사람*이 될 거란 말이에요! 그리고 그건 내가 지금까지 들은 것 중 가장 슬픈 이야기예요."

바로 그때, 내 눈 속이 살짝 촉촉해졌습니다.

엄마는 휴지로 내 얼굴을 닦아 주었습니다.

그런 다음 그녀는 나를 아주 꼭 껴안았습니다.

그리고 그녀는 *유감이구나*라는 말을 했습니다.

더 나쁜 소식이 있습니다.

밀러 할머니가 방금 전화를 했습니다. . .

염소는 없다고요.

4장 이사 가기

다음 날 아침, 나는 내 침대에서 나가지 않았습니다.

심지어 엄마가 이렇게 소리쳤을 때도 나가지 않았어요. "아침 먹을 시간이야."

그녀는 나의 방으로 들어왔습니다.

"내 말 못 들었니, 주니 B.? 밥 먹을 시간이란다." 그녀가 말했습니다.

나는 내 베개에 누운 채 올려다보았습니다.

"알겠어요, 하지만 나는 배가 고프지도 않아요. 그리고 또, 나는 오늘 이사를 갈 거예요." 내가 말했습니다.

엄마가 미소 지었습니다.

그녀는 내 침대에 앉았습니다.

"네가 이사를 간다고, 응?" 그녀가 물었습니다. "그러면 정확히 너는 어디로 가려는 거니?"

나는 내 어깨를 위아래로 으쓱했습니다.

"어딘가로요." 내가 말했습니다.

"어딘가, 어디?" 그녀가 물었습니다.

"여기가 아닌 어딘가로요, 바로 그곳이죠." 내가 말했습니다.

엄마가 나를 껴안았습니다.

"아직도 짐의 생일 파티에 관한 것 때문에 그러는구나, 그렇지 않니?" 그녀가 말했습니다. "너는 초대장을 못 받는 것에 대해 아직도 걱정하고 있는 거지."

"아니요, 난 걱정 안 해요." 내가 말했습니다. "왜냐하면 나는 그 학교에는 더 이상 가지 않을 거니까요. 왜냐하면 나는 오늘 이사를 가거든요."

엄마는 고개를 저었습니다. 그러고 나서 그녀는 내 방에서 나갔습니다. 그리고 그녀와 아빠는 복도에서 속삭였습니다.

얼마 지나지 않아, 아빠가 들어왔습니다.

그는 나를 부엌까지 업어 주었습니다.

그 후 엄마는 내가 제일 좋아하는 오트밀 죽(hot cereal)을 만들어 주었습니다.

그리고 그녀는 흑설탕을 내가 원하는 만큼 모두 넣도록 해 주었습니다.

그녀는 내 옆에 앉았습니다.

"있잖아, 주니 B., 짐은 그저 네 기분을 상하게 하려고 이러는 것뿐이야." 그녀가 말했습니다. "그 애는 그냥 너에게서 어떤 반응을 얻고 싶은 거지, 그게 다야."

"물론이지, 그렇고 말고." 아빠가 말했습니다. "그리고 누군가 네 기분을 상하게 하려 할 때, 그들에게 되갚아 줄 방법은 딱 하나란다."

"너는 네가 관심 없는 척해야 해." 엄마가 말했습니다. "너는 네가 그 파티에 가고 *싶지도* 않은 척해야 하는 거지. 왜냐하면 네가 가고 싶지 않은 척을 하면, 그건 그 애에게서 재미를 모두 빼앗아 갈 거니까."

아빠가 윙크했습니다.

"너는 그렇게 할 수 있지, 그렇지 않니?" 그가 물었습니다. "너는 전 *세계*에서 가장 훌륭한 꼬마 연기자니까."

바로 그때, 내 얼굴이 온통 환해졌습니다. 왜냐면 그 말이 나에게 기가 막힌 아이디어를 줬거든요!

"저기요! 나는 방금 내가 어디로 이사 가면 되는지 생각해 냈어요! 그곳은 따지고 보면 좁은 세상(It's a Small World After All)이라고 불리죠. 그리고 그건 디즈니랜드(Disneyland)에 있고요! 기억나요, 아빠? 그곳은 인형들 모두가 계속해서 같은 노래를 부르고 부르고 또 부르는 곳이에요."

나는 미소 지었습니다. "그곳은 살기 좋은 곳일 거예요, 그렇지 않나요?"

아빠는 나를 아주 오랫동안 쳐다보았습니다.

그러고 나서 그는 식탁 위에 머리를 대고 엎드렸습니다. 그리고 그는 모서리에 머리를 콩콩 찧기 시작했습니다.

엄마는 그를 거기에서 일으켰습니다.

그들은 복도로 가서 더 많이 속삭였습니다.

잠시 후, 엄마는 그녀의 침실에서 나를 불렀습니다.

"주니 B.? 너 전화 좀 받아 볼래? 네 할아버지야. 할아버지가 너랑 잠깐 이야기하고 싶으시대."

나는 전화를 받았습니다. "여보세요?"

"여보세요, 꼬마 아가씨." 나의 프랭크 밀러 할아버지가 말했습니다. "오늘 아침엔 뭐 하고 있니?"

"나는 오늘 이사를 갈 거예요." 나는 그에게 말했습니다.

밀러 할아버지는 서운한 목소리였습니다.

"이사를 간다고?" 그가 말했습니다. "안 돼! 넌 이사 가면 *안 돼*! 만약 네가 이사를 가면, 그러면 너는 토요일에 우리 집으로 놀러 올 수 없잖니!"

나는 그에게 눈살을 찌푸렸습니다.

왜냐면 이 대화는 수상한 냄새가 났거든요, 그래서 그렇습니다.

"네, 그런데 할아버지는 왜 내가 할아버지 집에 갔으면 하는 거죠?" 내가 물었습니다. "그리고 그게 왜 토요일이어야만 하는 거죠?"

"왜냐하면 토요일은 내가 여기서 내 작업을 하는 날이니까, 기억하지?" 그가 말했습니다. "너는 여전히 할아버지의 꼬마 도우미잖니, 안 그래?"

나는 정말 곰곰이 생각했습니다.

"맞아요." 내가 말했습니다.

왜냐하면 가끔 나는 할아버지가 물건을 고치는 것을 도와주거든요. 그것은 허드렛일이라고 불리는 것 같아요,

내 생각에는요.

“할아버지는 허드렛일을 할 건가요?” 내가 그에게 물었습니다. “그거 때문에 할아버지는 내가 거기로 가길 바라는 거고요?”

“그래 나는 허드렛일을 할 거란다.” 나의 할아버지가 말했습니다. “하지만 나는 내 도우미 없이는 그 일들을 할 수가 없어, 그렇지? 네가 바로 공구 벨트를 매는 사람이잖아, 안 그래?”

나는 아주 자랑스럽게 웃었습니다. 왜냐면 밀러 할아버지의 공구 벨트는 내가 정말 좋아하는 가장 최고의 물건이기 때문이죠. 벨트에는 거기에 매달린 수많은 공구들이 있습니다. 벨트는 나를 두 번이나 칭칭 감쌉니다. 그런데 나는 넘어지지도 않죠.

바로 그때, 밀러 할아버지는 그의 목소리를 정말 조용히 줄였습니다.

“너는 아직 가장 멋진 부분은 듣지도 못했어.” 그가 속삭였습니다. “내가 뭘 고치려고 하는지 맞혀 볼래?”

나는 그에게 속삭이며 대답했습니다. “뭔데요?”

그러자 할아버지는 나에게 잠깐만 기다려 보라고 말했습니다. 왜냐하면 그는 그의 방문을 닫고 싶었으니까요. 그렇지 않으면 나의 할머니가 듣게 될지도 모릅니다.

“만약 네 할머니가 듣게 되면, 그러면 *할머니가* 내 도우미를 하고 싶어 할 거야, 너 대신에 말이야.” 그가 말했습니다.

나는 아주 참을성 있게 기다렸습니다.

“준비됐니?” 그가 말했습니다.

“준비됐어요.” 나는 말했습니다.

“좋아. 나는 위층의 *변기*를 고칠 거란다.”

바로 그때, 내 입이 커다랗게 벌어졌습니다.

왜냐면 위층 변기를 고치는 일은 꿈이 이루어지는 것이니까요, 그래서 그렇죠!

“변기 수조의 뚜껑을 떼어낼 거예요, 할아버지? 그리고 할아버지는 계속해서 변기 물을 내리고 또 내릴 거예요? 그리고 할아버지는 변기 수조 안에서 물이 모두 사라지는 걸 지켜볼 거예요?” 내가 물었습니다.

“물론 그렇게 할 거란다! 당연히 그럴 거야! 그게 변기 고치는 일의 가장 큰 재미잖니! 그렇지?” 그가 말했습니다.

“그렇죠!” 내가 매우 신이 나서 말했습니다. “그리고 또, 나는 수조 안에 둥둥 떠 있는 그 큰 공을 정말 좋아해요.”

“나도 그래!” 나의 할아버지가 말했습니다. “나도 마찬가지로, 그 큰 공을 아주 좋아하지! 그리고 그래서 내가 너에게 의지할 수 있는 거야, 그렇지 않니? 너랑 나는 토요일에 만나기로 약속하는 거야, 알겠지?"

나는 조금 더 생각했습니다.

"알겠어요, 하지만 내 생각에 할아버지가 깜빡한 게 있는 것 같아요, 할아버지."

"뭔데?" 그가 물었습니다. "내가 뭘 깜빡했니, 꼬마 아가씨?"

나는 바보 같은 할아버지에게 눈살을 찌푸렸습니다.

"할아버지는 내가 오늘 이사 간다는 걸 깜빡했잖아요."

5장 윙윙거리는 벌 되기

밀러 할머니와 할아버지는 번갈아 가며 점심 전에 나를 돌봐 줍니다. 그러고 나서 그들은 학교 유치부에 가도록 나에게 옷을 입혀 줍니다.

하지만 오늘은, 엄마가 퇴근하고 집에 와 있었습니다. 그리고 그녀가 대신 나에게 옷을 입혀 주었습니다.

엄마는 자기가 나를 학교까지 태워다 줄 거라고 말했습니다.

"내가 너를 태워다 주면, 그러면 네가 버스에서 짐을 보지 않아도 될 거야." 그녀가 아주 친절히 말했습니다.

그녀는 학교에 입고 갈 내 옷들을 꺼냈습니다.

그것은 개구리가 그려진 내 멜빵 치마였습니다.

"좋아요, 그런데 이거 알아요? 나는 오늘 학교에 입고 갈 옷을 입지도 않을 거예요. 왜냐하면 나는 이사를 갈 거니까요. 그리고 그래서 나는 이삿짐 나르는 사람 복장으로 입어야 해요."

엄마는 계속해서 나에게 그 멜빵 치마를 입히려 했습니다.

그래서 나는 내 두 다리와 두 팔을 아주 뻣뻣하게 했습니다. 그렇게 하면 팔다리가 옷에 그렇게 잘 들어가지 않죠.

그 후 나와 엄마는 아주 조금 몸싸움을 벌였습니다. 그리고 그녀는 나를 물구나무 세웠습니다. 그리고 나의 타이츠를 잡아당겨 내게 입혔습니다.

"너는 이사 가지 않을 거야, 주니 B." 그녀가 말했습니다. "너는 학교에 갈 거란다, 그러니 이제 그만해. 네 문제로부터 달아나서는 아무 것도 해결되지 않아."

"알겠어요, 그런데 난 달리지도 않을 건데요." 내가 말했습니다. "나는 라이더 이삿짐 트럭(Ryder Rents Trucks)을 부를 거예요. 그리고 그 사람들이 나를 태워 줄 거고요."

엄마가 미소 지었습니다. 그녀는 나를 껴안으려 했습니다. 하지만 나는 계속해서 아주 뻣뻣하게 있었습니다.

나는 차를 타고 학교로 가는 길 내내 아주 뻣뻣한 상태로 있었습니다.

엄마가 주차장에 차를 세웠습니다.

그러고 나서 그녀는 나를 문 바깥으로 들어올렸습니다. 그리고 그녀는 나를 운동장으로 정말 힘들게 끌고 갔습니다.

그녀는 나를 잔디밭에 세웠습니다.

"다 잘 될 거야. 두고 봐." 그녀가 말했습니다. "아빠랑 엄마가 너한테 했던 말만 기억하렴. 만약 누가 파티에 대해 말하면, 그게 널 신경 쓰이게 하지 않는 척해."

그녀는 나의 뻣뻣한 머리에 작별 인사로 뽀뽀를 해 주었습니다.

바로 그때, 나는 목소리들이 소리치는 것을 들었습니다.

"주니 B.! 얘, 주니 B.! 봐! 우리가 받은 걸 봐!" 그들이 소리 질렀습니다.

나는 돌아보았습니다.

그것은 나의 가장 제일 친한 친구들인, 루실과 그 그레이스였습니다. 그들은 나에게로 달려오고 있었습니다.

"봐!" 루실이 말했습니다. "짐이 우리에게 준 걸 좀 봐! 이건 토요일에 있을 그 애의 생일 파티 초대장이야!"

"이건 걔가 우리한테 이야기했던 내용이랑 완전 똑같아, 주니 B.!" 그 그레이스가 말했습니다. "그 애는 정말로 그 파티에 동물 체험 농장을 열 거래!"

나는 재빨리 두 손으로 나의 귀를 막았습니다.

그런 다음 나는 내 눈을 감았습니다. 그리고 나는 그들을 향해 시끄러운 노래를 불렀습니다.

그것은 바로 "나는 너희 얘기를 못 들어, 너희는 나를 신경 쓰이게 하지도 않아"입니다.

나는 그 노래를 목청껏 불렀습니다.

"나는 너희 얘기를 모오오-오옷 드으으을어!"

"나는 너희 얘기를 모오오-오옷 드으으을어!"

"너희는 나아아아를 신경 쓰이게 하지이-이도 않아!"

그러고 나서 나는 그들이 사라질 때까지 계속해서 그 노래를 부르고 또 불렀습니다.

또, 그들은 나를 쳐다보며 미쳤다는 손짓을 했습니다.

그 후, 나는 혼자 잔디밭에 앉았습니다. 그리고 나는 운동장 주위를 둘러보았습니다.

역시, 많은 다른 아이들도 초대장을 가지고 있었습니다.

"이런." 나는 속삭였습니다. "이런. 이런. 너무해."

바로 그때 나는 그 못된 짐 녀석을 보았습니다.

그는 울보 윌리엄(Crybaby William)이라는 이름의 남자아이에게 초대장을 주고 있었습니다.

울보 윌리엄은 9반에서 가장 겁쟁이입니다.

그는 심지어 아주 조그만 벼룩조차 무서워할 것 같습니다, 내 생각에는요.

바로 그때, 나는 조금 더 꼿꼿이 앉았습니다.

왜냐면 나는 내 머릿속에 또 다른 생각 하나가 떠올랐기 때문입니다, 그래서 그렇죠!

그것은 바로, 저기요! 아마도 내가 윌리엄의 초대장을 그 애한테서 빼앗을 수 있을 거예요! 왜냐면 그는 나를 쫓아오지도 않을 거니까요, 아마도요! 그리고 그래서 그러면 나는 바로 나만의 초대장을 가질 수 있을 거예요! 그리고 윌리엄은 짐 그 녀석에게서 다른 초대장 한 장을 더 받을 수 있겠죠! 그리고 그러면 모두가 그 파티에 갈 수 있게 됩니다. 나를 포함해서요!라고 하는 생각입니다.

나는 잔디밭에서 일어났습니다.

그러고 나서 나는 울보 윌리엄을 향해 내 눈을 가늘게 떴습니다. 그리고 나는 그를 향해 아주 천천히 달려가기 시작했습니다.

나는 점점 더 빠르게 달렸습니다. 마침내, 내가 잽싼 호박벌만큼 빠르게 달리게 될 때까지요.

나는 윌리엄의 주변을 아주 재빠르게 윙윙거리며 돌아다녔습니다.

그의 눈은 심지어 나를 그렇게 잘 따라오지도 못했습니다.

그런 다음 나는 바로 그의 얼굴에 대고 윙윙거렸습니다. 그리고 나는 그의 손가락에서 그 초대장을 빠르게 잡아챘습니다!

나는 그네를 향해 내 가장 빠른 속도로 달렸습니다!

그리고 그거 아세요?

윌리엄은 심지어 나를 따라오지도 않았습니다! 바로 그거예요!

그리고 여기 더 좋은 소식이 있습니다! 윌리엄의 초대장은 그 위에 그의 이름이 쓰여 있지도 않았습니다! 그러니까 그 말은 그 초대장이 누구의 것이든 될 수 있다는 말인 거죠, 아마도요!

"하지만 이제 이건 내 거야!" 내가 말했습니다. "왜냐면 내가 9반에 도착하면 나는 이 초대장 위에 내 이름을 쓸 거니까! 그러면 이건 바로 나만의 초대장이 되는 거지!"

바로 그때, 학교 종이 울렸습니다.

나는 나의 초대장을 내 주머니 속 깊숙이 쑥 집어넣었습니다. 그리고 나는 나의 교실까지 아주 행복하게 깡충깡충 뛰어갔습니다.

선생님이 9반 교실 밖에 서 있었습니

다.

윌리엄은 그녀와 함께 서 있었습니다.

그의 코는 정말 많이 훌쩍거리고 있었습니다.

나는 그들을 지나쳐 깡충깡충 뛰어가려고 했습니다. 하지만 선생님이 내 개구리 멜빵 치마의 끈을 붙잡았습니다.

그녀는 나를 뒤로 끌어당겼습니다.

"알겠어요, 그렇지만 나는 사실 이렇게 하는 게 옷에 좋을 거라고 생각하진 않아요." 내가 말했습니다.

선생님은 얼굴을 찌푸렸습니다.

"주니 B., 네가 윌리엄의 것이었던 무언가를 가져갔니?" 그녀가 물었습니다.

"아니요." 내가 말했습니다. "왜냐면 재 이름이 그 위에 쓰여 있지도 않았으니까요. 그리고 그래서 그 말은 그게 누구의 것이든 될 수 있다는 뜻이죠, 내 생각에는요."

선생님은 화가 난 듯 발을 탁탁 두드렸습니다.

"윌리엄이 초대장을 들고 있었지, 주니 B.? 그리고 네가 그 초대장을 윌리엄의 손에서 잡아챈 거야? 그리고 그런 다음 네가 그에게서 달아난 거니?" 그녀가 물었습니다.

나는 아주 귀엽게 웃었습니다.

"나는 윙윙거리는 벌이었어요." 내가 말했습니다.

선생님은 그녀의 손을 내밀었습니다.

"내가 그 초대장을 가져가도 될까?" 그녀가 물었습니다. "선생님이 네가 윌리엄에게서 빼앗은 초대장을 가져가도 되겠니?"

나는 두 발로 서서 몸을 앞뒤로 흔들었습니다.

왜냐면 나는 그녀에게 그 초대장을 주고 싶지 않았거든요, 그래서 그렇습니다.

"좋아요, 그런데 내 생각에 그게 내 주머니에서 튕겨 나갔을지도 몰라요." 내가 말했습니다.

선생님은 내 옆으로 몸을 숙였습니다. 그녀는 내 얼굴 쪽으로 몸을 기울였습니다.

"그 초대장을 주렴." 그녀가 말했습니다. "당장."

나는 침을 꿀꺽 삼켰습니다.

그러고 나서 나는 빠르게 주머니 안에 나의 손을 넣었습니다.

"좋은 소식이네요. 내가 초대장을 찾았어요." 나는 아주 겁을 먹은 채 말했습니다.

"그걸 윌리엄에게 주렴." 선생님이 말했습니다.

울보 윌리엄은 그의 손을 내밀었습니다.

나는 그 초대장을 그에게 불쑥 내밀

었습니다.

"자, 얄미운 고자질쟁이 녀석아." 내가 말했습니다. "여기 너의 얄미운 초대장이야."

선생님의 눈이 아주 커졌습니다.

"주니 B. 존스! 그쯤 해 둬! 넌 이제 가서 앉으렴! 그리고 나는 다른 말은 더 듣고 싶지 않구나. 이해하니, 꼬마 아가씨? 한 마디도 말이야."

그리고 그래서 결국 나는 아주 축 처진 채로 내 자리로 걸어갔습니다.

그리고 나는 내 책상에 머리를 대고 엎드렸습니다.

왜냐면 왜 그런지 아세요?

다시 얌전히 있으려고요, 그래서 그렇습니다.

6장 딴생각하기

선생님은 출석을 확인했습니다. 출석은 여러분이 *왔어요*, 하고 말하는 때입니다. 그런데 만약 여러분이 자리에 없다면, 여러분은 틀림없이 조용하겠죠.

또, 우리는, *나는 미합중국 국기에 대한 충성을 맹세합니다*라고 말합니다.

그것은 개회식이라고 불리는 것 같아요, 내 생각에는요.

그 후, 우리는 앉았습니다. 그리고 선생님은 우리의 학습장을 나누어 주었습니다.

그녀는 우리에게 펼쳐야 하는 페이지를 말해 주었습니다.

그것은 여러 종류의 도형에 관한 공부였습니다. 동그라미처럼요. 그리고 네모도요. 그리고 삼가켱(triankles)도요.

나에게 그것은 식은 죽 먹기였습니다.

하지만 나는 아주 잘 집중하지는 못했습니다. 왜냐하면 내가 그 생일 파티에 대해서 계속 딴생각을 했기 때문입니다.

딴생각하기(daydreaming)는 마치 밤에 꿈을 꾸는 것(night dreaming)과 같습니다.

그렇지만 밤에 하지 않죠.

그리고 여러분이 잠들어 있지도 않습니다.

그리고 여러분이 꿈을 꾸고 있지도 않습니다.

나는 어째서 모두가 그 파티에 가는지에 대해 계속해서 생각했습니다.

그런데 나는 빼고요.

나는 *유일한* 사람이었습니다.

9반 *전체*에서요.

나는 루실이랑 그레이스도 가지 않았으면 좋겠어, 나처럼 말이야, 나는 혼자 생각했습니다. *왜냐면 그렇게 하는 것이 개네들한테도 괜찮은 놀이가 될*

테니까.

잠시 후에, 나는 루실를 톡톡 쳤습니다.

"너는 나의 가장 제일 좋은 친구야." 나는 그녀에게 말했습니다.

루실은 나를 보고 미소 지었습니다.

"너도 마찬가지로, 나의 가장 제일 좋은 친구야." 그녀가 말했습니다.

나는 그녀의 새로운 원피스를 매만졌습니다.

"너 오늘 정말 예뻐 보인다." 내가 말했습니다.

루실은 그녀의 원피스를 부풀렸습니다.

"고마워. 너도 마찬가지로, 오늘 정말 예뻐 보여." 그녀가 대답했습니다.

나는 매니큐어가 발려 있는 그녀의 손톱을 만졌습니다.

"나는 너랑 내가 쌍둥이였으면 좋겠어." 내가 말했습니다.

"나도 그래. 나도, 너랑 내가 쌍둥이였으면 좋겠어." 그녀가 말했습니다.

바로 그때, 나의 얼굴은 온통 행복해졌습니다.

"루실! 루실! 방금 나한테 무언가가 생각났어! 너하고 내가 마치 우리가 쌍둥이인 *척하면* 돼! 그러면 우리는 무엇이든 똑같이 할 수 있겠지! 그리고 그러니까 토요일에 넌 우리 집으로 오면 돼. 그리고 나는 내 손톱에 매니큐어를 바를 거야, 딱 너처럼! 그리고 너는 그 생일 파티에 안 가고 집에 있는 거야, 딱 나처럼!"

루실은 아무 대답도 하지 않았습니다.

나는 그녀를 톡톡 쳤습니다.

"너 어째서 말하지 않는 거니, 쌍둥이야?" 내가 말했습니다. "너 어째서 아무 대답도 하지 않는 거야?"

"왜냐면 나는 그 파티에 가고 싶으니까, 그래서 그렇지." 루실이 말했습니다.

나는 그녀에게 씩씩댔습니다.

"그래, 루실. 나는 네가 그 파티에 가고 싶다는 걸 *알아*. 하지만 이제 너와 나는 쌍둥이잖아. 그리고 쌍둥이들은 모든 걸 똑같이 해야만 해. 그리고 그래서 만약 *내*가 파티에 가지 않으면, 그럼 *너*도 마찬가지로, 파티에 갈 수 없어. 왜냐하면 그게 쌍둥이 규칙이니까."

"아니야, 그렇지 않아." 루실이 말했습니다. "내 사촌들이 쌍둥이거든. 그런데 한 명은 남자야. 그리고 한 명은 여자고. 그리고 그들은 *아무 것도* 똑같이 안 해."

나는 내 의자에서 벌떡 일어났습니다.

"그래, 하지만 그건 내가 되고 싶은 종류의 쌍둥이가 아니라고, 이 아가씨야!" 내가 소리 질렀습니다.

선생님은 나를 향해 탁 하고 손가락

을 튕겼습니다.

"앉아!" 그녀가 고함쳤습니다.

바로 그때, 내가 싫어하는 짐 그 녀석이 그의 의자에 앉아서 돌아봤습니다. 그리고 그는 나를 향해 정말 못되게 웃었습니다. 왜냐면 내가 꾸중을 들었기 때문이죠.

"네 바보 같은 고개 돌려!" 내가 말했습니다.

하지만 그는 고개를 돌리지 않았습니다. 그리고 그래서 결국 내가 그의 책상으로 달려가야 했던 것입니다. 그리고 나는 그를 위해 그의 고개를 돌려주어야 했습니다.

"주니 B. 존스!" 선생님이 소리쳤습니다. "너 뭐 하는 거니?"

"저는 얘의 바보 같은 머리를 돌려주고 있어요." 내가 설명했습니다.

선생님은 내가 있던 곳으로 서둘러 왔습니다. 그러고 나서 그녀는 내 팔을 빠르게 잡았습니다. 그리고 그녀는 나를 복도로 데려갔습니다.

그녀는 교장실을 가리켰습니다.

"가!" 그녀는 매우 화를 내며 말했습니다.

나는 침을 꿀꺽 삼켰습니다.

"알겠어요, 그렇지만 저는 사실 더 이상 저기에 가면 안 되는걸요." 내가 말했습니다. "왜냐면 나랑 엄마가 그 문제에 관해 이야기했기 때문이에요. 그리고 엄마는 나더러 다시는 교장실로 보내져선 안 된다고 말했어요."

선생님의 얼굴이 토마토처럼 빨개졌습니다.

선생님은 숫자를 세기 시작했습니다.

"하나. . . 둘. . . 셋. . . 넷. . ."

그리고 그래서 결국 나는 서둘러 걸어갔습니다.

왜냐면 숫자를 세는 선생님들은 가장 무서운 종류이기 때문입니다.

7장 이번에 내 이야기 주니 B. 존스 지음

교장 선생님은 학교의 대장입니다.

그는 교장실에 살고 있습니다.

내가 제멋대로 굴면 나는 그곳으로 가야 합니다.

*제멋대로*는 예의바르지 않다는 뜻의 학교에서 쓰는 말입니다.

그곳에는 타자를 치는 선생님이 있습니다. 그녀는 웃으면 안 됩니다.

"앉으렴." 그녀가 말했습니다.

그녀는 파란색 의자를 가리켰습니다.

"알겠어요, 하지만 저는 사실 저기 앉는 걸 좋아하지 않아요, 그거 기억해요? 왜냐면 저기는 나쁜 아이들이 앉는 곳이니까요. 그리고 저는 나쁘지도 않은걸요." 내가 설명했습니다.

나는 내가 그곳에 갈 때마다 그녀에게 이렇게 설명합니다.

타자 치는 선생님은 나를 향해 책상 너머로 몸을 기울였습니다. 그녀는 나를 향해 무서운 표정을 지어 보였습니다.

"*앉으라고오오오 했지이이이이.*" 그녀가 말했습니다.

나는 앉았습니다.

그런 다음 나는 나의 개구리 멜빵 치마를 내 얼굴 위로 끌어당겨 덮었습니다. 그래서 아무도 나를 볼 수 없도록 말이죠.

"네 치마를 다시 내리렴." 타자 치는 선생님이 말했습니다.

"좋아요, 그런데 저는 사실 이렇게 해도 괜찮아요. 왜냐면 저는 타이츠를 신었거든요." 내가 말했습니다. "이것 보이죠? 얘네들은 작은 올챙이가 그려진 초록색 타이츠예요."

바로 그때, 나는 교장 선생님의 목소리를 들었습니다.

"이런, 이런. . . 주니 B. 존스. 놀랍구나." 그가 말했습니다.

내 입이 떡 하니 벌어졌습니다.

"**저기요!**" 나는 내 원피스 밑에서 소리쳤습니다. "**교장 선생님은 여기 밑에 있는 게 저인 걸 어떻게 알았어요? 왜냐면 교장 선생님은 제 얼굴을 볼 수도 없거든요!**"

"운 좋게 맞혔구나." 교장 선생님이 말했습니다.

그 후, 나는 내 얼굴을 보였습니다. 그리고 나와 그는 교장실로 들어갔습니다.

나는 커다란 나무 의자에 올라갔습니다.

교장 선생님은 아주 피곤해 보였습니다. 그는 그의 대머리 양쪽을 문질렀습니다.

"좋아, 어디 한번 들어 보자. 이번에 네 이야기는 뭐니?" 그가 말했습니다.

나는 똑바로 허리를 펴고 앉았습니다.

"이번에 내 이야기, 주니 B. 존스 지음."

"옛날 옛적에, 나는 어떤 못된 녀석의 생일 파티에 초대받지 못했어요. 그리고 나는 9반 *전체*에서 파티에 가지 않는 *유일한 사람*이 되었지요. 그리고 그래서 결국 나는 오늘 이사를 가려고 했어요. 하지만 엄마는 나를 학교로 질질 끌고 왔지요. 그리고 그다음에 나는 윙윙거리는 벌이 되었어요. 그런데 울보 윌리엄은 고자질쟁이예요. 그리고 루실은 좋은 쌍둥이가 되지 않을 거고요. 그리고 그래서 그런 다음 선생님은 나에게 소리 질렀어요. 그리고 결국 나는 짐 그 녀석의 머리를 비틀어야 했지요. 그리고 이제 나는 여기 커다란 나무 의자에 앉아 있어요."

나는 나의 무릎 위에 내 두 손을 포개었습니다.

"이야기 끝."

교장 선생님은 그의 책상에 머리를 대고 엎드렸습니다.

나는 그를 살짝 쳐다보았습니다.

"교장 선생님도 얌전히 있는 거예요?" 나는 속삭였습니다.

그는 다시 일어났습니다. 그러고 나서 그는 나의 엄마에게 전화를 걸었습니다.

그 둘은 정말 자주 이야기합니다.

이번에, 그들은 생일 파티에 관해 이야기했습니다. 그리고 어째서 내가 초대받지 않은 것인지에 관해서도요.

전화를 끊고 난 후, 교장 선생님은 나에게 더 상냥해진 듯했습니다.

"내가 보기에 가끔 우리 어른들은 우리들만이 문제를 겪는 유일한 존재라고 생각하는 것 같아." 그가 말했습니다. "우리 어른들은 너희들이 어린 나이더라도, 인생이 힘들 수 있는 거라는 사실을 잊어버리지. 그렇지 않니, 주니 B. 존스?"

"맞아요." 내가 말했습니다. "인생은 우리의 염소를 가져가기도 하죠."

그 후, 나와 그는 교장실을 나왔습니다. 그리고 그는 나를 들어 다시 한번 파란색 의자에 앉혔습니다.

"나는 네가 여기서 잠깐 기다려 줬으면 해." 그가 말했습니다. "내가 이 문제를 해결하기 전에 얘기해야 할 사람이 있단다."

"알겠어요, 그런데 그거 아세요? 나는 사실 이 의자에 앉고 싶지 않아요." 내가 설명했습니다. "왜냐하면 여긴 나쁜 아이들이 앉는 곳이거든요. 그리고 나는 나쁘지 않고요."

교장 선생님은 생각하고 또 생각했습니다. 그런 다음 그는 탁 하고 그의 손가락을 튕겼습니다.

"내 생각에 나에게 완벽한 해결 방법이 있는 것 같구나." 그가 말했습니다.

그는 교장실로 들어가서 거대한 쇼핑백을 가져왔습니다.

"우리가 너를 이 속에 숨기면 어떨까?" 그가 물었습니다. "만약 우리가 너를 이 쇼핑백 속에 숨긴다면, 누구도 너를 전혀 볼 수 없을 거야."

나는 매우 신이 나서 위아래로 폴짝폴짝 뛰었습니다. 왜냐면 숨기는 내가 이 세상에서 가장 좋아하는 일이거든요, 그래서 그렇죠!

교장 선생님은 나를 의자에 앉혔습니다.

그는 그 거대한 쇼핑백을 내 머리 위에 씌웠습니다.

"저기요! 누가 불 껐어요?" 내가 말

했습니다.

그러고 나서 나는 웃고 또 웃었습니다. 왜냐면 그건 바로, *코미디(comedy)*니까요, 당연히 말이에요.

나는 내 양쪽 무릎을 굽혀 쇼핑백 속으로 당겨 넣었습니다. 나는 무릎을 아주 바짝 끌어안았습니다.

"이제 선생님이 볼 수 있는 건 내 신발 끝이 전부예요!" 나는 정말 행복하게 말했습니다.

"이건 내가 지금까지 본 것 중 가장 완벽한 해결 방법이에요! 그리고 그래서 교장 선생님은 이 놀라운 방법을 어떻게 생각해 낸 거죠?" 내가 물었습니다.

하지만 교장 선생님은 나에게 대답해 주지 않았습니다.

왜냐면 그가 이미 교장실로 돌아갔기 때문입니다.

그 후 나는 내 쇼핑백 속에 계속해서 숨어 있었습니다.

나는 아주 오랫동안 숨어 있었습니다.

내 생각에, 그것은 수백만 년은 되었을 거예요.

"그거 알아요? 이거 잠깐보다는 더 오래 걸리고 있어요." 내가 쇼핑백 안에서 말했습니다.

타자 치는 선생님은 나에게 대답해 주지 않았습니다.

"좋아요, 근데 또 이거 알아요? 내 무릎이 여기 안에서 완전히 구부러지고 찌그러져 있어요." 내가 말했습니다. "그리고 그래서 이렇게 있는 건 나의 혈액 슨환(circlelation)에 좋지 않을 거예요, 아마도요."

바로 그때, 나의 다리가 온통 꿈틀거리기 시작했습니다. 왜냐면 내가 안절부절못하고 있었으니까요, 그래서 그렇죠!

"저기요! 아무도 귀가 없어요? 나를 여기서 지금 당장 꺼내 줘요! 왜냐면 나는 이 안에서 더는 버틸 수 없거든요! 그리고 또, 나는 안절부절 못하겠. . ."

갑자기, 누군가가 내 머리에서 쇼핑백을 홱 벗겨 냈습니다.

그것은 무서운 타자 치는 선생님이었습니다.

". . . 단 말이에요." 나는 아주 작은 소리로 말했습니다.

그녀는 나를 다시 교장실로 데려갔습니다.

그리고 그거 아세요?

짐 그 녀석이 거기에 있었습니다!

그는 그 커다란 나무 의자에 앉아 있었습니다!

그리고 교장 선생님은 그를 향해 얼굴을 찌푸리고 있었습니다!

"주니 B., 여기 우리의 친구 짐이 너에

게 하고 싶은 말이 있다는구나. 안 그러니, 짐?" 교장 선생님이 물었습니다.

그 못된 짐 녀석은 대답하지 않았습니다. 그는 계속해서 그의 발을 바라보고 있었습니다.

교장 선생님은 자신의 손가락을 툭툭 두드렸습니다.

"우리가 *기다리고* 있잖니, 짐." 그가 말했습니다.

그러자 짐 그 녀석은 씩씩거렸습니다. 그리고 그는 *미안해*라는 말을 했습니다.

교장 선생님은 그의 눈썹을 치켜올렸습니다.

"뭐가 미안한 거지, 짐? 주니 B.에게 네가 무엇이 미안한지 말해 보렴."

짐 그 녀석은 그의 발을 다시 조금 바라보았습니다.

"저는 주니 B.에게 제 파티 초대장을 주지 않은 것이 미안해요." 그는 매우 투덜대며 말했습니다.

"하지만 너희 어머니는 너에게 초대장을 주라고 *말씀하셨지*, 그렇지 않니, 짐?" 교장 선생님이 말했습니다. "네 어머니는 너에게 네 반 친구 한 명 한 명에게 초대장을 주라고 말씀하셨어. 하지만 너는 주니 B.에게 화가 났지. 그리고 넌 주니 B.에게 초대장을 주지 않기로 했던 거야. 그렇지 않니?"

그 못된 녀석은 그의 어깨를 위아래로 으쓱거렸습니다.

"그럴걸요." 그는 정말 작은 소리로 말했습니다.

교장 선생님은 팔짱을 꼈습니다.

"그리고 그래서 너는 이 문제를 바로잡기 위해 뭘 할 거지?" 그가 물었습니다.

짐 그 녀석은 머뭇거리고 또 머뭇거렸습니다.

그리고 나서—갑자기—그가 자기 의자에서 내려왔습니다.

그리고 그는 나에게 초대장을 내밀었습니다.

나는 뱃속부터 짜릿해졌습니다.

"내 거야? 그거 정말 나에게 주는 거냐고!" 나는 아주 꽥꽥거리며 말했습니다.

그런 다음 나는 그의 손에서 곧장 그 초대장을 낚아챘습니다. 그리고 나는 교장실 여기저기를 뛰어다녔습니다.

"오 세상에!" 내가 말했습니다. "이거 정말 내 거네! 이건 정말 나에게 주는 거야! 그리고 그래서 이제 나는 *유일한 사람*이 아니야!"

나는 그 커다란 나무 의자 주변을 이리저리 뛰어다녔습니다.

교장 선생님은 나를 보고 불안한 것 같았습니다.

그는 서둘러 가서 교장실 문을 열었습니다.

그 후 나는 곧장 그곳을 빠져나와 달렸습니다!

그리고 나는 내가 9반에 도착할 때까지 멈추지 않았습니다!

8장 나의 토요일 망치기

토요일에, 엄마는 나를 잠에서 깨웠습니다.

"우리는 가게에 가서 짐에게 선물을 사 줘야 해." 그녀가 말했습니다.

나는 졸린 하품을 했습니다.

"알겠어요, 그렇지만 나는 사실 그 녀석을 좋아하지 않아요." 나는 설명했습니다. "그리고 그래서 엄마 혼자 가도 돼요. 그리고 나는 엄마의 판단을 믿을게요."

나는 내 머리 위로 이불을 끌어당겼습니다.

엄마는 다시 이불을 벗겨냈습니다.

그러고 나서 그녀는 나에게 옷을 입혔습니다.

그리고 그녀는 내게 바나나를 먹게 했습니다.

그리고 그녀는 내가 그녀와 함께 가게에 가게 했습니다.

그녀는 나의 손을 잡고 그녀의 뒤로 나를 끌고 갔습니다.

"우리는 짐이 무엇을 이미 가지고 있는지 모르니까, 그 아이에게 무언가 색다른 걸 줘 보자." 그녀가 말했습니다.

"우리 그 녀석한테 느글느글하고, 더러운 땅다람쥐의 내장(greasy, grimpy gopher guts)을 줘요. 그게 색다르죠." 내가 말했습니다.

엄마는 토할 것 같은 표정을 지었습니다.

그녀는 나를 가게로 끌고 갔습니다.

우리는 욕실 용품이 있는 곳을 지나갔습니다.

내가 손가락으로 가리켰습니다.

"*저거*요. 개한테 *저걸* 사 줘요." 내가 말했습니다. "*저거* 색다르네요."

엄마는 양 볼을 안쪽으로 쏙 들어가게 했습니다.

"우리는 짐에게 변기 청소용 솔을 선물하지는 않을 거야." 그녀가 말했습니다.

그녀는 나를 끌고 반려동물 용품이 있는 곳을 지나갔습니다.

"*저거*요. 개한테 *저걸* 사 줘요." 내가 말했습니다. "*저거* 색다르네요."

하지만 엄마는 말했습니다. "목줄은 안 돼."

바로 그때, 그녀는 나를 끌고 공구들이 있는 곳을 지나갔습니다.

그때 내 눈은 머리에서 튀어나올 뻔했습니다!

"저거요! 개한테 저걸 사 줘요! 봐

요, 엄마! 봐요! 나는 저게 너무 좋아요!"

나는 그것을 향해 아주 재빠르게 달려갔습니다.

"이건 공구 벨트예요! 보이죠? 이건 밀러 할아버지 거랑 완전 똑같은 거예요! 이건 나 같은 어린 아이들을 위해 만들어지긴 했지만요! 이거 보여요, 엄마? 이 멋진 것 좀 봐요!"

엄마는 벨트를 선반에서 꺼냈습니다.

"봐요!" 내가 말했습니다. "이 벨트에는 망치가 있어요! 그리고 드라이버도요! 그리고 펜치도 몇 개 있고요! 그리고 손전등도요! 그리고 진짜 실제 기포가 든 기포 수준기도요! 그리고 또, 앞에는 자그마한 가짜 못이 든 주머니도 있어요."

나는 사방을 뛰어다녔습니다.

"나 이거 한번 매 봐도 돼요? 그래도 돼요? 제발요, 엄마? 네? 네?"

엄마는 안 된다고 고개를 저었습니다.

"우리는 오늘 너를 위해 쇼핑을 하는 게 아니야, 주니 B. 우리는 짐을 위해 쇼핑을 하는 거지, 기억하니?"

"나도 알아요. 나는 우리가 짐 그 녀석을 위해 쇼핑하고 있다는 걸 알아요." 나는 말했습니다. "그리고 그래서 이건 그 애의 생일을 위한 게 될 수 있어요. 먼저 내가 이 벨트가 잘 맞는지 알아보기 위해 이걸 한번 매 봐야 하는 것뿐이에요. 왜냐면 그 애와 나는 둘이 사이즈가 똑같거든요, 틀림없어요!"

결국, 엄마는 나에게 그 공구 벨트를 단단히 매 주었습니다.

"오오오! 이거 찍찍이(Velcro)가 있어요!" 나는 말했습니다. "난 이 찍찍 달라붙는 게 정말 좋아요! 우리 이거 사도 될까요? 제발요, 엄마? 우리 이거 사도 돼요? 그리고 이걸 우리 집으로 가져가도 돼요?"

엄마는 생각하고 또 생각했습니다.

"모르겠어, 주니 B. 어쩐지 이게 좋은 생각 같지는 않네. 나는 네가 이걸 가지고 있으려 할까 봐 걱정이야."

"아니에요, 안 그럴게요! 나는 이걸 가지고 있으려고 하지 않을 거예요. 내가 약속해요, 엄마! 나 약속해요! 나 약속할게요!"

그리고 그래서 마침내 엄마는 나에게 항복했습니다. 그리고 그녀는 그 멋진 공구 벨트를 사 주었습니다.

나는 차를 타고 집으로 가는 길 내내 그것을 내 무릎 위에 놓았습니다.

그런 다음 나는 집으로 달려갔습니다. 그리고 나는 내 방으로 뛰어 들어갔습니다. 그리고 나는 다시 한번 그 벨트를 매 보았습니다.

"이제 나는 허드렛일을 할 수 있어!" 나는 정말 신이 나서 말했습니다.

나는 망치를 꺼내 내 방 벽을 두드렸습니다.

그러고 나서 나는 드라이버로 나사를 조였습니다.

그리고 또, 나는 나의 곰 인형 테디(Teddy)의 코를 펜치로 비틀어 뽑아냈습니다. 그런데 나는 사실 그렇게 하려던 것은 아니었습니다.

나는 그의 머리를 쓰다듬었습니다.

"네 입으로 숨을 쉬도록 해." 내가 말했습니다.

바로 그때, 엄마의 목소리가 나에게 소리쳤습니다.

"주니 B.! 목욕할 시간이란다, 얘야!"

나는 얼굴을 찌푸렸습니다. 왜냐면 내 생각에, 엄마가 약간 헷갈린 것 같았거든요.

나는 소리 지르며 대답했습니다.

"네, 하지만 나는 오늘 목욕하지 않아도 돼요! 왜냐하면 오늘은 토요일이니까요! 그리고 토요일은 내가 더러운 날이에요!"

엄마가 내 방으로 들어왔습니다.

"엄마도 오늘이 토요일인 것을 알아, 주니 B." 그녀가 말했습니다. "그렇지만 너는 생일 파티에 가려고 하잖니. 그리고 네가 생일 파티에 가려면, 너는 목욕을 해야 해. 또 우리는 네 머리를 감기고 말아 줘야 한단다."

나는 그녀에게서 물러섰습니다.

"안 돼요." 내가 말했습니다. "왜냐면 아무도 나에게 그런 걸 전에 설명해 주지 않았으니까요. 그리고 그래서 그건 말도 안 돼요. 왜냐하면 나는 그 못된 녀석이 싫거든요. 그런데 왜 내가 그 녀석을 위해 깨끗하게 해야 하죠?"

엄마는 한계에 다다른 것처럼 보였습니다.

"네가 파티에 갈 때, 너는 목욕을 하는 거야. 정리 끝. 이야기 끝났어." 그녀가 말했습니다.

그런 다음 그녀는 내 방을 떠났습니다. 그리고 그녀는 욕조 물을 틀러 갔습니다.

나는 아주 침울하게 내 침대에 앉았습니다.

"이런." 나는 말했습니다. "왜냐면 그 멍청이 같은 녀석이 나의 토요일을 전부 망치고 있잖아."

엄마가 또 소리쳤습니다.

"주니 B.? 너 엄마한테 그 공구 벨트 좀 가져다줄래? 엄마가 그걸 포장해야 하거든!"

"이런." 나는 다시 한번 말했습니다.

왜냐면 나는 그걸 그 녀석에게 주고 싶지도 않았기 때문입니다.

나는 벨트를 내려다보았습니다.

나는 그 멋진 공구들을 모두 매만져 보았습니다.

"나는 이 끝내주는 게 정말 좋은걸." 나는 아주 슬프게 말했습니다.

"엄마 기다리고 있잖니!" 엄마가 외쳤습니다.

하지만 나는 여전히 그녀에게 그것을 가져다주지 않았습니다.

바로 그때, 나는 욕조 물이 잠기는 소리를 들었습니다.

내 심장이 아주 쿵쾅거렸습니다.

"오 안 돼!" 내가 말했습니다. "왜냐면 이제 엄마가 나를 데리러 올 거니까! 그리고 엄마는 내 공구 벨트를 빼앗아 갈 거야! 그리고 엄마는 그 못된 녀석을 위해 그걸 포장하겠지!"

나는 내 침대에서 벌떡 일어나서 내 방을 이리저리 뛰어다녔습니다.

"나는 숨어야 해! 나는 숨어야 한다고!"

나는 여기저기를 뛰어다녔습니다.

"이런! 왜냐면 이 바보 같은 방에는 숨을 만한 좋은 장소도 없거든!" 내가 말했습니다.

"주니 B.!" 엄마가 소리쳤습니다.

나는 그녀의 발소리를 들었습니다!

그 발들은 나를 향해 오고 있었습니다, 내 생각에 말이죠!

"오 안 돼!" 내가 말했습니다. "안 돼! 안 돼!"

그때 갑자기, 나는 재빠르게 나의 멋진 공구 벨트를 움켜잡았습니다!

그리고 나는 내 방문으로 뛰어갔습니다!

그리고 나는 내 망치를 가지고 그 문이 닫히게 못을 박으려 했습니다!

9장 9반의 유일한 사람

엄마는 내 방으로 뛰어 들어왔습니다.

왜냐면 가짜 못은 사실 효과가 없거든요, 딱 보기에도 그렇죠.

"주니 B. 존스! 너 도대체 여기서 뭐 하고 있는 거니?" 그녀가 소리쳤습니다.

그녀는 내 방문을 바라보았습니다.

그녀의 눈이 몹시 튀어나왔습니다.

"너 *망치질을* 하고 있었니?" 그녀가 소리쳤습니다. "너 망치로 못을 박으려고 했던 거야???. . . 네 방문에다가?"

바로 그때, 아빠도 뛰어들어왔습니다, 마찬가지로요.

"너 도대체 어디서 망치를 구한거니?" 아빠가 외쳤습니다.

"아빠에게 말해, 주니 B.! 네 아빠한테 네가 어디서 그 망치를 구했는지 말해!" 엄마가 으르렁거리듯 말했습니다.

나는 그녀를 가리켰습니다.

"*엄마가* 내게 이걸 줬어요." 내가 말

했습니다.

바로 그때, 엄마의 머리에서 김이 뿜어져 나왔습니다.

"아니지! 내가 너에게 그 망치를 준 게 *아니잖아*, 주니 B.! 그 망치는 짐을 위한 거였어! 그리고 너도 그 사실을 알고 있고!"

그 후, 엄마는 나를 들어 올렸습니다. 그리고 그녀는 나를 내 침대에 앉혔습니다. 그리고 그녀는 나를 향해 으르렁대며 화내는 말을 더 했습니다.

그 말들은 이런 것이었어요. . . 나는 진짜 실제 망치를 가져도 될 만큼 믿을 만하지 않대요. 그리고 나는 진짜 실제 공구 벨트를 가져도 될 만큼 믿을 만하지 않대요. 그리고 나는 내가 다 자라서 나만의 아파트에 살 때까지 절대, 두 번 다시 못을 가질 수 없대요.

아빠는 내 앞에서 왔다 갔다 했습니다.

"왜 그런 거니, 주니 B.? 너 왜 그런 일을 하려 한 거야? 너 왜 네 문에 못을 박아서 닫으려고 한 거니?" 그가 말했습니다.

나는 조금 울기 시작했습니다.

"왜냐하면." 내가 말했습니다.

"왜냐하면 *왜*?" 그가 짜증내며 말했습니다.

"왜냐하면 내가 마음속으로 부담감을 느꼈기 때문이에요." 나는 말했습니다. "왜냐하면 그 파티가 나의 토요일을 전부 망치고 있으니까요. 왜냐하면 먼저 나는 쇼핑을 해야 했으니까요. 그리고 그런 다음 엄마는 내가 목욕하고 머리를 감아야 한다고 말했어요. 그런데 나는 그 못된 녀석을 *좋아하지도* 않아요. 그리고 그런데 어째서 나는 깨끗이 씻고 저 멋진 공구 벨트를 그 애한테 줘야 하는 거죠? 왜냐면 이런 게 어디 있어요?"

엄마는 씩씩거렸습니다.

"이건 *너의* 결정이었어, 주니 B." 그녀가 말했습니다. "파티에 가고 싶어 했던 사람은 *너*잖니. 아무도 너에게 그렇게 하라고 시키지 않아."

나는 나의 스웨터 소매로 코를 닦았습니다.

"맞아요, 그렇지만 내가 가지 않으면, 나는 9반에서 *유일한 사람*이 될 거라고요." 내가 말했습니다. "그리고 그건 내가 지금까지 들은 것 중에 가장 슬픈 이야기예요."

아빠는 내 옆에 앉았습니다.

"왜?" 그가 말했습니다. "왜 너의 토요일을 *네가* 보내고 싶은 대로 보내는 게 슬픈 거야? 왜 네가 싫어하는 남자아이한테 하루를 낭비하는 것 대신에, 즐*겁게* 하루를 보내는 게 슬픈 거니?"

엄마도, 앉았습니다.

"그건 내게 슬프게 들리지 않는걸."

엄마가 말했습니다. "그건 사실, *괜찮게* 들려."

"아니요, 그건 괜찮은 얘기 같지 *않아요*." 내가 아주 딱딱거리며 말했습니다. "*유일한 사람*이 되는 게 뭐가 그렇게 좋은데요?"

아빠는 그의 어깨를 위아래로 으쓱했습니다.

"좋은 점이 많이 있지." 그가 말했습니다. "네가 목욕을 할 필요가 없는 *유일한 사람*이 되는 것처럼 말이야. 넌 그걸 생각해 본 적 있니?"

"그리고 너는 머리를 감을 필요가 없는 *유일한 사람*이 되는 거야." 엄마가 말했습니다.

"*그리고*." 아빠가 말했습니다. "너는 짐에게 선물을 주지 않아도 되는 9반의 *유일한 사람*이 될 거고. *그건* 어떠니? 응?"

나는 조금 더 꼿꼿이 앉았습니다.

왜냐면 그건 훌륭했기 때문입니다, 그래서 그렇죠.

엄마는 내 머리를 헝클었습니다.

"그리고 밀러 할아버지는?" 그녀가 물었습니다. "할아버지가 오늘 너를 할아버지 집으로 초대했다는 사실을 잊어버리지는 않았겠지, 그렇지?"

바로 그때, 내 입이 떡 하니 벌어졌습니다.

왜냐면 나는 그 사실을 *정말로* 잊어버렸기 때문입니다!

"변기!" 내가 말했습니다. "나는 변기에 대해 잊고 있었어요! 왜냐면 나와 할아버지가 그걸 고칠 거거든요! 그리고 우리는 수조에 둥둥 떠 있는 그 큰 공을 만질 거고요!"

엄마는 인상을 썼습니다.

"멋지구나." 그녀가 말했습니다.

"나도 그게 멋지다는 걸 *알아요*." 내가 말했습니다. "그리고 그래서 나는 지금 당장 거기에 가야 해요. 그렇지 않으면 할머니가 공을 만지게 될 거예요, 내가 아니라요."

그러자 엄마는 나를 아주 이상한 표정으로 쳐다보았습니다.

그리고 아빠는 그의 열쇠를 가지러 갔습니다.

엄마와 아빠는 내가 공구 벨트를 가게에 돌려주도록 했습니다.

그들은 내가 그 벨트를 가게 아저씨에게 주도록 했죠.

"여기요." 내가 말했습니다. "나는 이 멋진 걸 가지고 있을 만큼 믿을 만하지 않대요."

그 아저씨는 약간 슬픈 듯이 웃었습니다.

"유감이구나, 얘야." 그가 말했습니다.

"괜찮아요." 내가 말했습니다. "왜냐면 그 못들이 사실 그렇게 효과가 좋지는 않았거든요."

그는 나에게 나의 돈을 돌려주었습니다.

"아마 네가 더 나이를 먹으면 살 수 있을 거야." 그가 말했습니다.

"아마도요." 내가 말했습니다. "그리고 또, 나는 변기 청소 솔도 살 수 있겠죠."

가게에 다녀온 후, 나는 밀러 할아버지의 집에 갔습니다.

그는 그의 정원을 손질하고 있었습니다.

나는 그에게로 아주 빠르게 달려갔습니다.

"밀러 할아버지! 저기요, 밀러 할아버지! 할아버지 그거 벌써 고쳤어요? 할아버지 벌써 변기를 고쳤어요?"

그는 나를 들어 빙글빙글 돌렸습니다.

"아직 아니야!" 그가 말했습니다. "아직 안 고쳤어! 할아버지는 너를 기다리고 있었지!"

그리고 그래서 바로 그때, 나와 그는 서둘렀습니다.

그리고 우리는 우리의 공구를 챙겼습니다.

그리고 우리는 위층으로 뛰어갔습니다.

그리고 나서 우리는 변기 수조에서 곧장 뚜껑을 열었습니다!

그리고 나는 바로 거기에 있는 물을 전부 내려 버렸습니다!

나는 그 큰 공을 만졌습니다!

"이거 재밌어요! 그렇죠, 할아버지? 그렇죠? 이건 우리 인생 최고의 순간이에요!" 내가 말했습니다.

"그럼 그렇지! 물론 그렇고말고!" 나의 프랭크 밀러 할아버지가 말했습니다.

나는 아주 행복하게 웃었습니다.

"저기요, 할아버지. 그거 알아요? 나는 *유일한 사람*이에요!" 내가 말했습니다.

그는 내 말에 어리둥절한 것 같았습니다.

"나는 변기를 고치고 있는 9반의 *유일한 사람*이에요." 내가 설명했습니다.

그러자 밀러 할아버지도 웃었습니다. 마찬가지로요. "넌 정말 특별한 애야." 그가 말했습니다.

"할아버지도 정말로 특별한 사람이에요. 나처럼요, 할아버지." 나는 대답했습니다.

그런 다음 나는 그를 아주 꽉 껴안았습니다.

그리고 나는 그의 무릎 위로 올라갔습니다.

그리고 나는 그의 귀에 대고 그에게 비밀을 말해 주었습니다.

"그리고 또 맞혀 볼래요?" 내가 속삭였습니다. "나는 아직도 염소를 갖고 싶어요."

Chapter 1

1. C Its name is birthday cake. We had that delicious stuff at school today. That's because Paulie Allen Puffer turned six years old. And his mother brought chocolate cake and chocolate ice cream and chocolate milk to Room Nine.

2. C Then I picked up our cakes. And I hurried up to the trash can. I looked all around me very careful. Then I quick ducked behind the trash can. And I stuffed both those cakes right in my mouth.

3. A "What are you doing over there?" she asked me. "I am sharing people's cake and milk," I explained. "Except for they aren't actually here at the moment."

4. B "Lucille, I am surprised at you," I said. "You are not eating that ice cream like a little lady. And so I will show you how." Then I quick dipped my spoon into Lucille's ice cream. "See?" I said. "See how I am taking dainty bites of this stuff?" Only just then, a dainty bite of chocolate ice cream slipped off my spoon. And it plopped into Lucille's lap.

5. D "OH NO!" she hollered. "NOW LOOK WHAT YOU DID! YOU SPILLED ICE CREAM ON MY BRAND-NEW DRESS! AND MY NANNA JUST BROUGHT THIS TO ME FROM NEW YORK CITY! AND IT COSTED NINETY-FIVE DOLLARS PLUS TAX!"

Chapter 2

1. A "Yeah, only you can't be as happy as me," I explained. "'Cause I had two cakes. And you just had one." That Grace did a frown. "That's okay, Grace. Don't be upset," I said. "'Cause when I have my birthday, I will invite you to my house. And you can have two cakes, too." "Oh boy!" she said. "I know it is oh boy," I said back. "Plus also, you will get your very own paper cup with M&M's in it."

2. B "BINGO, stupid!" he shouted. "Its name is BINGO! What a MORON! Who would even want to come to a stupid party like yours?" He made his voice real loud. So everybody could hear. "At my house I have cool birthday parties," he said. "Like last year my party was named Clowning Around. And we had two clowns from the circus. And they made balloon animals and did magic tricks."

3. D "This year my party is named Old MacDonald's Farm. And a real farmer is bringing a petting zoo right to my front yard. And he's going to bring a lamb, and a goat, and a burro, and some rabbits! And he's also bringing a real, live pony for us to ride!"

4. A "Good!" hollered that Jim. "I'm glad! 'Cause my birthday is this coming Saturday! And tomorrow I'm bringing invitations to every single person in Room Nine! Only not to you! You're the only one in the whole class I'm not bringing an invitation to! So there!"

5. C "You're not coming to my party! And that's final!" Just then, a big lump came in my throat. A big lump is what comes before crying. It hurt to swallow. I sat down and hided my face in my sweater. "Darn it," I said. " 'Cause I think I really would have enjoyed myself at that thing." Then my bestest friend named Grace put her arm around me. And she patted me real gentle. And she let me sit next to the window.

Chapter 3

1. D Grandma Miller did a sad face. "Children can be so cruel," she said. "Just wait till I get the baby to sleep. And then you and I will talk about it. Okay?"

2. C And so finally I got tired of waiting. And I went to my room. And I crawled underneath my covers. I crawled way down to the bottom of my sheets. It is very muffly down there. You can say mean stuff. And no one can hear you. "Here is all the stuff I hate," I said. "First, I hate that meanie Jim. Then I hate clowns. And Old MacDonald had a farmer. Plus I hate rabbits. And burros. And ponies. "And guess what else? We didn't actually need a baby at this house. Only no one even consulted me."

3. B Just then, a great idea popped in my head. "HEY! I JUST THOUGHT OF SOMETHING, GRANDMA! YOU AND ME CAN BRING MY GOAT

TO MY HOUSE! AND THEN I CAN HAVE MY VERY OWN BIRTHDAY ON SATURDAY! "I WILL CALL IT 'COME AND PET MY GOAT'! AND EVERYONE IN ROOM NINE WILL COME TO MY PARTY! AND THEY WON'T GO TO THAT MEANIE JIM'S!"

4. A "Listen to me, Junie B.," she said. "I know Jim hurt your feelings today. But you can't have your birthday party on Saturday. Your birthday isn't till June, remember? And June is still months away."

5. B "Yeah, only here's a little secret . . . nobody in Room Nine even knows when my birthday is. So I think we can pull it off."

Chapter 4

1. C Mother hugged me. "This is still about Jim's birthday party, isn't it?" she said. "You're still worried about not getting an invitation." "No, I'm not," I said. "On account of I'm not even going to that school anymore. On account of I'm moving today."

2. D "You know, Junie B., Jim is only doing this to hurt your feelings," she said. "He just wants to get a reaction from you, that's all." "Sure, he does," said Daddy. "And when someone is trying to hurt your feelings, there's only one way to get back at them." "You have to pretend you don't care," said Mother. "You have to pretend you don't even want to go to that party. Because if you pretend you don't want to go, it will take all the fun out of it for him."

3. A "Yeah, only how come you want me to come to your house?" I asked. "And how come it has to be on Saturday?" "Because Saturday's the day I do my work around here, remember?" he said. "You're still my little helper, aren't you?"

4. A "Ready?" he said. "Ready," I said. "Okay. I'm going to be fixing the upstairs toilet." Just then, my mouth came all the way open. 'Cause fixing the upstairs toilet is a dream come true, that's why! "Are you gonna take the lid off the top, Grampa? And are you gonna keep flushing it and flushing it? And are you gonna watch all the water go out of that thing?" I asked.

5. B "Me too!" said my grampa. "I love that big ball, too! And so I can count on you, can't I? You and I have a date on Saturday, right?" I thought some more. "Yeah, only I think there's something you forgot, Grampa." "What?" he asked. "What did I forget, little girl?" I raised my eyebrows at that sillyhead. "You forgot that I'm moving today."

Chapter 5

1. B Except for today, Mother came home from work. And she got me dressed instead. She said she would drive me to school. "If I drive you, then you won't have to see Jim on the bus," she said very thoughtful.

2. C "Look!" said Lucille. "Look what Jim gave us! It's invitations to his birthday party on Saturday!" "It's just like he told us, Junie B.!" said that Grace. "He's really gonna have a petting zoo there!" I quick covered my ears with my hands. Then I closed my eyes. And I sang a loud song at them. It is called "I Can't Hear You, You're Not Even Botherin' Me."

3. D Just then, I sat up a little bit straighter. 'Cause I just got another idea in my head, that's why! It was called, Hey! Maybe I can take William's invitation away from him! 'Cause he won't even chase me, probably! And so then I will have my very own invitation! And William can get another one from that Jim! And then everybody will get to go to the party. Including me!

4. A Mrs. did a frown. "Junie B., did you take something that belonged to William?" she asked. "No," I said. "'Cause his name wasn't even on it. And so that means it is for anybody, I think."

5. D Mrs. bended down next to me. She leaned way into my face. "I want that invitation," she said. "Now." I did a gulp. Then I quick put my hand in my pocket. "Good news. I found it," I said very nervous. "Give it to William," said Mrs. Crybaby William put out his hand. I shoved it at him.

Chapter 6

1. C After that, we sat down. And Mrs. passed out our workbooks. She told us the pages to turn to. It was work about different kinds of shapes. Like circles.

And squares. And triankles. I am a breeze at that stuff. Only I couldn't even concentrate very good. On account of I kept daydreaming about that birthday party.

2. B "Lucille! Lucille! I just thought of something! You and me can pretend we are twins! And we can do everything just the same! And so on Saturday you can come to my house. And I will put nail polish on my nails, just like you! And you will stay home from that birthday party, just like me!"

3. A "Yes, Lucille. I know you want to go to the party. But now you and me are twins. And twins have to do everything just the same. And so if I don't go to the party, then you can't go to the party, too. On account of that is the twin rules." "No, it's not," said Lucille. "My cousins are twins. And one is a boy. And one is a girl. And they don't do anything alike."

4. C Just then, that Jim I hate turned around in his chair. And he laughed real mean at me. 'Cause I was in trouble. "Turn around your fatty head!" I said. Only he didn't turn it around. And so that's how come I had to run to his table. And I had to turn it around for him.

5. D She pointed to Principal's office. "Go!" she said real angry. I did a gulp. "Yeah, only I'm not actually supposed to go there anymore," I said. "'Cause me and Mother had a talk about it. And she said for me not to get sent there again."

Chapter 7

1. D Principal looked very tiredish. He rubbed the sides of his baldie head. "Okay, let's hear it. What's your story this time?" he said.

2. D "I guess sometimes we grown-ups think we're the only ones with problems," he said. "We forget that even when you're little, life can be tough. Can't it, Junie B. Jones?"

3. B "I want you to wait here a minute," he said. "There's someone I have to talk to before I can get this settled." "Yeah, only guess what? I don't actually want to sit in this chair," I explained. "On account of this is where the bad kids sit. And I'm not even bad." Principal thought and thought. Then he snapped his fingers. "I think I might have the perfect solution," he said. He went in his office and brought out a giant shopping bag. "What if we hide you under here?" he asked. "If we hide you under this bag, no one will be able to see you at all."

4. C "But your mother told you to, didn't she, Jim?" said Principal. "Your mother told you to give an invitation to every single person in your class. But you got mad at Junie B. And you decided not to give her one. Isn't that right?" That meanie boy did his shoulders up and down. "I guess," he said real soft.

5. A Then—all of a sudden—he got down from his chair. And he holded out an invitation to me. My stomach did a flippy flop. "For me? Is that really for me!" I said very squealing. Then I snatched that thing right out of his hand. And I zoomed all around the room.

Chapter 8

1. A "Since we don't know what he already has, let's get him something unusual," she said.

2. B Finally, Mother fastened the tool belt on me. "Ooooh! It has Velcro!" I said. "I love this stickery stuff! Can we buy it? Please, Mother? Can we buy it? And take it home to my house?" Mother thought and thought. "I don't know, Junie B. Something tells me this isn't a good idea. I'm afraid you'll want to keep it."

3. A Then I runned into the house. And I zoomed to my room. And I put that thing on me again. "Now I can do odd jobs!" I said real thrilled. I took the hammer and tapped on my wall. Then I screwed a screw with the screwdriver.

4. D "YEAH, ONLY I DON'T EVEN HAVE TO TAKE A BATH TODAY! ON ACCOUNT OF TODAY IS SATURDAY! AND SATURDAY IS MY DIRTY DAY!" Mother came in my room. "I know today is Saturday, Junie B.," she said. "But you're going to a birthday party. And when you go to a birthday party, you have to take a bath. Plus we're going to have to wash and curl your hair."

5. B I touched all the wonderful tools. "I love this darned thing," I said real sad. "I'M WAITING!" shouted Mother. But I still didn't take it to her. Just then, I heard the bath water turn off. My heart got very pumpy. "Oh no!" I said.

"'Cause now she's gonna come get me! And she will take my tool belt away! And she will wrap it up for that meanie guy!" I jumped off my bed and runned around my room. "I gotta hide! I gotta hide!" I runned all over everywhere.

Chapter 9

1. C After that, Mother picked me up. And she sat me on my bed. And she growled more mad words at me. They were . . . I cannot be trusted to have a real actual hammer. And I cannot be trusted to have a real actual tool belt. And I am never, ever allowed to have nails until I am all grown-up and I live in my own apartment.

2. B Daddy walked up and down in front of me. "Why, Junie B.? Why would you do such a thing? Why would you ever try to nail your door shut?" he said. I started to cry a little bit. "Because," I said. "Because why?" he grouched. "Because I felt pressure inside me," I said. "Because that party is ruining my whole entire Saturday. Because first I had to shop. And then Mother said I had to get a bath and wash my hair. Only I don't even like that meanie head boy. And so how come I have to get clean and give him that wonderful tool belt? 'Cause what kind of deal is that?"

3. C "No, that does not sound good," I said very snapping. "What is so good about being the only one?" Daddy did his shoulders up and down. "Lots of things," he said. "Like you'll be the only one who doesn't have to take a bath. Have you ever thought of that?" "And you'll be the only one who doesn't have to wash her hair," said Mother. "And," said Daddy, "you'll be the only one in Room Nine who doesn't have to give Jim a present. How 'bout that one? Huh?"

4. D Mother and Daddy made me take the tool belt back to the store. They made me give it to the man.

5. A "This is fun! Right, Grampa? Right? This is the time of our life!" I said. "Sure it is! Of course it is!" said my grampa Frank Miller. I laughed very happy. "Hey, Grampa. Guess what? I am the only one!" I said. He looked confused at me. "I am the only one in Room Nine who is fixin' a toilet!" I explained.

주니 B. 존스와 그 못된 짐 녀석의 생일
(Junie B. Jones and That Meanie Jim's Birthday)

초판 발행 2021년 12월 3일

지은이 Barbara Park
편집 박새미 김지혜
콘텐츠제작및감수 롱테일북스 편집부
번역 기나현
저작권 김보경
마케팅 김보미 정경훈

기획 김승규
펴낸이 이수영
펴낸곳 롱테일북스
출판등록 제2015-000191호
주소 04033 서울특별시 마포구 양화로 113(서교동) 3층
전자메일 helper@longtailbooks.co.kr
(학원·학교에서 본 도서를 교재로 사용하길 원하시는 경우 전자메일로 문의주시면
자세한 안내를 받으실 수 있습니다.)

ISBN 979-11-91343-13-7 14740